融合创新

信息技术教育"新"探

古兴东 ◎ 编著

吉林文史出版社

图书在版编目（CIP）数据

融合创新：信息技术教育"新"探 / 古兴东编著
. — 长春：吉林文史出版社，2020.9
ISBN 978-7-5472-7193-3

Ⅰ.①融… Ⅱ.①古… Ⅲ.①计算机辅助教学 Ⅳ.
①G434

中国版本图书馆CIP数据核字（2020）第179199号

融合创新：信息技术教育"新"探
RONGHE CHUANGXIN : XINXI JISHU JIAOYU XIN TAN

编　　著：古兴东
责任编辑：程　明
封面设计：言之凿
出版发行：吉林文史出版社有限责任公司
电　　话：0431-81629369
地　　址：长春市福祉大路5788号
邮　　编：130117
网　　址：www.jlws.com.cn
印　　刷：北京政采印刷服务有限公司
开　　本：170mm×240mm　1/16
印　　张：12.25　　　　字　数：221千字
印　　次：2022年6月第1版　2022年6月第1次印刷
书　　号：ISBN 978-7-5472-7193-3
定　　价：45.00元

前言

FOREWORD

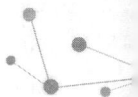

信息技术对教育具有革命性影响。《教育信息化2.0行动计划》提出坚持融合创新的基本原则。要求发挥技术优势，变革传统模式，推进新技术与教育教学的深度融合，真正实现从融合应用阶段迈入创新发展阶段，不仅实现常态化应用，更要达成全方位创新。通过持续推动信息技术与教育深度融合，可以促进教育信息化从融合应用向创新发展的高阶演进，信息技术和智能技术深度融入教育全过程，推动改进教学、优化管理、提升绩效。

作为一名身处改革开放前沿的新时代信息技术教师，应该以争当有使命感的信息技术教育领跑者为己任。首先，应该勇于探索"新"课堂，全面提升学生信息素养。其次，应该勤于探求"新"技术，全面促进教师学科融合。最后，应该敢于探寻"新"模式，全面转变教育教学方式。与此同时，应该探究"新"课例，提高课堂教学效率。只有通过针对问题举起新旗帜、提出新目标、运用新手段、制定新举措，才能有效推动教育观念更新、模式变革、体系重构。

在信息技术教育"融合创新"的实践、探索过程中，我归纳、总结了有关课堂教学方法、教学实践感悟、技术应用心得、课堂互动技巧、智慧校园建设做法、翻转课堂应用总结、教育"云"推广策略、创新教学设计等内容的一系列教学论文和案例。这些经过实践、探索的经验总结，涉及"新"课堂、"新"技术、"新"模式、"新"案例等，不但有利于提升学生信息素养、促进教师学科融合、转变教育教学方式，而且有利于促进教师自身专业的成长，推动学科组的建设，助力学校教育的腾飞。

借着2018年成立区学科带头人名师工作室的东风，深圳市龙华区龙华中心小学组建了一支积极上进、团结协作的优秀团队，定期组织自愿申请加入、来自全区不同学校的成员一起开展课堂交流、技术研讨、经验分享、课题研究等活动，促进专业发展。为进一步做好经验分享，推动交流，促进成长，我尝试将一些研究论文、技术经验、应用策略及融合创新案例等资料收集、整理、编纂成集。原本是个人专著，考虑到也是促进工作室成员进行分享的一个好机会，所以本书还收录了工作室成员的部分论文或案例，供大家交流学习。

这些内容都是实践、探索的宝贵经验，内容丰富多彩，包括教学、技术、管理、应用、推广等方面，涉及信息、语文、数学、英语、体育等各学科，既有发表的论文、调查分析研究报告、全国获奖案例等个人经验分享，也有带领科组两次获得市示范教研组、促进学校信息化建设首批"智慧校园"示范学校等学校层面的总结汇报。所以本书内容不但对有梦想、有追求的工作室成员的成长有帮助，对信息技术一线教师的发展有意义，而且对各学科教师促进信息技术与教学深度融合也很有价值，甚至对学校教育信息化的建设也有借鉴意义。最终也促进了本书的正式出版，以供大家交流研讨，学习借鉴。

本书主要分四个章节，其中前三个章节主要是研究论文、经验总结，第四章是创新教学设计、融合应用案例。鉴于本书主要是信息技术教育探索，无论是课堂还是技术，无论是模式还是案例，一直注重"融合创新"这一原则，因此最终确定本书的主题是融合创新—— 信息技术教育"新"探。

第一章从促进信息技术教师成长的角度，谈"新"课堂探索，提升学生信息素养，分为教学方法、教学感悟、教学研究三个部分。第二章从促进教师信息技术应用水平提升的角度，谈"新"技术探求，促进教师学科融合，分为教学融合、技术装备、互动白板三个部分。第三章从促进推动学校教育信息化发展的角度，谈"新"模式探寻，转变教育教学方式，包括翻转课堂、教育"云"两个部分。第四章从实际教学设计及课堂融合应用的角度，谈"新"课例探究，提高课堂教学效率，包括项目探究式、融合应用式两个部分。

本书是我经过多年实践探索总结的宝贵经验，具有"深、全、实"三大特点。

第一，融合创新——深。本书紧扣"融合创新"这一基本原则，畅谈信息技术教育"新"探索。四个章节中，分别从"新"课堂探索、"新"技术探求、"新"模式探寻、"新"课例探究四个维度展开。

第二，内容丰富——全。本书既有论文、研究报告，又有创新设计、融合案例；既有Scratch、3D、GoC等信息技术内容，又有语文、数学、体育等学科融合案例；既有翻转课堂新模式探索内容，又有教育"云"新平台应用经验；既有课堂教学内容适合信息技术教师，又有技术融合应用内容适合各学科教师；既有个人经验总结适合一线教师，又有学校信息化汇报材料适合管理者。

第三，应用案例——实。本书案例都是实际课堂应用的真实案例，而且很多都是实际参加各级各类新媒体新技术应用比赛的获奖教学设计。内容各具特色，但都基于实际情况精心设计。既有争夺桂冠、实现梦想、为奥运添彩等主题的项目探究式案例，又有翻转课堂探索、课堂教学互动、教育"云"试点、3D和Scratch应用等内容的融合应用式案例。

希望《融合创新——信息技术教育"新"探》一书，能给信息技术教师教学应用带来一些启发，能给各学科教师技术融合带来一分收获，能给学校管理者信息化建设带来一点思考。

古兴东
2019年5月26日于深圳龙华

第一章 "新"课堂探索，提升学生信息素养

第二章 "新"技术探求，促进教师学科融合

第三章 "新"模式探寻，转变教育教学方式

第四章　"新"课例探究，提高课堂教学效率

第一章

"新"课堂探索，

提升学生信息素养

第一节　教学方法

激发创新潜能　提升信息素养
——《信息技术》课堂创新教育浅谈

深圳市龙华区龙华中心小学　古兴东

当今世界，以信息技术为主要标志的科学技术日新月异，高科技成果向现实生产力的转化越来越快，初见端倪的知识经济预示着人类的经济社会生活将发生新的巨大变化。这是对新世纪时代特征的科学概括，也是对信息技术教育提出的新要求。

普及信息技术教育和培养创新人才，是当今世界教育领域人们普遍关注的两大热点问题，也是广大信息技术教师所面临的急需解决的重大问题。因此，信息技术教师在课堂中，应该根据学生的能力、特点，结合教材内容，尝试进行创新教育，在提升学生信息素养的同时提高创新能力。

一、培养学生兴趣，激发创新思维

古人云："知之者不如好之者，好之者不如乐之者。"可见求知与志趣相伴而生。兴趣是进取和创造的内驱力。如何提高学生对学科教学的兴趣是每一位教师孜孜以求的。我认为，培养学生的兴趣是激发创新思维的关键。

比如，三年级学生刚接触电脑，理解能力、认识能力还不是很强，一些基本的电脑操作比较难掌握。信息技术又是一门实践性很强、极富创造性、具有明显的时代发展性特点的新兴学科，所以在教学中可以让孩子们玩Windows自带的扫雷、纸牌等小游戏。这些游戏，对学生学习鼠标单击、双击左键、单击右键、拖动等基本操作相当有益；而且游戏有相当的趣味性，能提高孩子们学习的兴趣。文字输入的练习是相当枯燥无味的，需要花不少时间，费不少精力。如今的孩子都怕苦怕累，想打字打得快，却又不想多练习，每次教师要求

认真练习指法，他们都草草了事，效果不是很好。为此，在练习时可以让学生玩一些与打字有关的游戏，像《金山打字通》的打地鼠、青蛙过河等游戏，以此提高学生的学习兴趣。

这些游戏让孩子们在轻松、愉快的氛围中，学到了知识，学会了本领。这比单纯讲述些理论知识，学习效果要好得多，培养了学生浓厚的学习兴趣，激发了学生的创新思维，达到了事半功倍的效果。

二、尊重学生主体，唤醒创新意识

"教学的艺术不只在于传授本领，更在于激励、唤醒、鼓舞学生。"在信息技术教学中，当学生的主体地位得到充分体现时，他们的创新意识才更容易被"唤醒"。在现代教学理论指导下的教学中，要求师生改变传统的观念和角色，学生在学习中起主体作用，教师在教学中起组织、引导、控制作用。

五年级学习PowerPoint。由于这部分内容与已经学习过的Word同属于Office系列，利用这一点，在讲述课文内容时，让学生自己通过想一想Word中的操作方法，然后找一找PowerPoint是如何操作，再请找到的同学上台示范操作步骤，从而使大家掌握操作步骤，充分发挥了学生的主体性，提高了学生的积极性。学生会认真思考并主动查找操作方法，很快就能自己掌握PowerPoint的操作方法了。甚至有些同学还能自己找到其他的操作方法，唤醒了创新意识。

在信息技术课教学中，应该是学生在教师的组织、引导下，用不同的方法完成教学任务。在这个过程中，学生的知识、思维、技能得到开拓，创新的意识被唤醒。

三、创设"任务"情境，诱发创新意识

现代教育心理学的研究表明，人在学习活动中最有效的时刻就是各种学习因素处在最和谐状态的时刻。而在某种情境中，往往是各种学习因素最和谐的状态。学生学习总是与一定的"情境"相联系的，因为在"情境"的媒介作用下，那些生动直观的形象才能有效地激发学生联想，唤起学生原有认知结构中有关的知识、经验及表象，从而使学生利用有关知识与经验去"同化"或"顺应"学到的新知识，进而创造出新形象。

制作艺术字、图片的插入编辑等，学生都能掌握操作步骤。但是如果让他们自己制作一个电子作品，学生就会一脸茫然，无从下手，只会输入几个

字、插入几幅图片，效果可想而知。过节学生互赠贺卡是校园里流行的时尚，是学生课余娱乐、交往中的一个兴趣焦点。贺卡的种类有生日卡、圣诞卡、新年卡、友谊卡等，名目繁多。所以在学生掌握基本操作方法后，就提出在同学之间举行贺卡设计大赛，设计好的作品老师将打印出来作为奖品送给他（她）。结果学生跟现实中的贺卡联系起来，运用所学知识设计了很多优秀的电子作品，学生的创新意识得到提高。

因此，在信息技术课的"任务"设计中，要充分发挥多媒体计算机具有综合处理图形、图像、动画、视频，以及声音、文字和语言、符号等多种信息的功能，设计出具有某种"情境"的学习"任务"，让学生在这种"情境"中探索、实践，激发他们联想、判断，诱发出创新意识。

四、巧用现代设备，提升创新意识

"逆水行舟，不进则退。"时代在发展，现代科学技术日新月异。老师在课堂教学中，合理应用平板电脑、交互式电子白板等现代技术设备，吸引学生的关注，可以有效提升学生的创新意识。

五年级下册的"数码照片动手拍"，是一项介绍用数码相机拍摄照片的内容。如何上课呢？如果只是讲理论知识不实践，学生可能就会觉得太枯燥；如果让学生带数码相机到学校，又存在安全问题，而且部分学生可能也没有；如果让学校提供数码相机，则不现实。如何解决呢？在课堂中大胆创新教学模式尝试"翻转课堂"。老师首先提前根据课本知识拍摄了3个相关的微课视频，存放于平板电脑中，然后鼓励学生利用课外时间自主学习知识，学生兴趣盎然，并自主尝试利用平板拍摄，巧妙突出本课的重点。课堂中利用电子白板强大的交互功能，让学生在拖一拖、玩一玩中巩固了知识，效果显著。并将拍摄的图片导入手提电脑中，进行展示，从而解决了本课的难点。

本课中通过合理应用平板电脑、交互式电子白板、手提电脑等现代设备，极大地提高了学生的兴趣，提高了课堂效率，从最终学生展示的照片来看，也是创意十足，课堂效果明显。

创新是一个民族的灵魂。只有创新才能实现跨越，才会有进步。信息技术是一门新课程，也要不断地创新，才能发展。

采用多元化教学　提高信息技术教学质量

深圳市龙华区龙华中心小学　古兴东

随着科学技术的飞速发展，信息技术已经渗透到社会生产、生活的各个方面，引起世界各国的极大关注。全球都在为抢占信息技术这一制高点而努力，大力开展信息技术教育，培训学生对信息的搜集、获取、筛选、处理、应用的能力。

采用什么样的教学方法？如何提高教育教学质量？……是广大一线信息技术教师思考的问题。伟大的教育家孔子早在几千年前就曾提出要"因材施教"。对于信息技术课来说，应该根据教学的内容以及学生的特点，采用多元化教学，只有这样才能最大化提高教育教学质量。下面我结合多年课堂的实践经验，谈谈采用多元化教学，提高教育教学质量的几点体会。

一、自由创作，培养创新精神

创新是一个民族进步的灵魂，创新是国家兴旺发达的不竭动力。信息技术课教学中我们不必拘于形式，应该给学生一点儿想象的空间、创作的自由。让学生自由设计、创作，这样更有利于促进学生创新思维的发展，激发学生的创作热情，提高学生的学习兴趣。

例如，《小海龟的特技》，是让学生学习Logo的基本命令，控制小海龟写"王"字和画一辆小坦克。由于程序已经写在书本上，所以学生即使不理解Logo的基本命令，只要输入正确的程序也能完成任务，但这样就不利于学生的发展了。我觉得上课时完全不必按书本来练习，可以改成让学生自己写"田"或者"川"等字，从而把呆板的输入程序变成了信息技术课与语文写字的趣味结合，激发了学生的创新意识。学生从中既掌握了Logo程序的编辑，又可以练习字体输入。学生的积极性、创造性得到很大的提高，个别同学还能创造出意想不到的"艺术"作品来。

二、游戏激励，提高学习兴趣

古人云："知之者不如好之者，好之者不如乐之者。"兴趣是最好的老师，兴趣是学生学习的最大动力。如果一个人对一件事物没有什么兴趣的话，那么他也不会认真去对待这一事物；反之，如果有兴趣，他就会全力以赴，取得事半功倍的效果。

最明显的例子莫过于电脑游戏了。很多同学一谈论起电脑游戏来就津津乐道，为自己曾经战胜过谁而自豪；为自己知道某种游戏秘籍而骄傲，为自己玩过某某游戏而高兴。但对于信息技术课中的文字录入，同学们则认为很枯燥不想练习，上课时只是迫于老师的压力才进行极不情愿的练习。如果把游戏与文字录入结合起来会怎样呢？在讲解文字录入时，我尝试让学生玩一些如"金山打字通"等文字录入游戏。学生对于这些游戏都兴趣浓厚，争先恐后地玩起游戏来，在不知不觉中掌握了文字录入的技巧，而且打字速度也突飞猛进。

三、比赛竞争，发挥学生潜能

达尔文的自然法则告诉我们"优胜劣汰"，没有竞争，任何事物都不会向前发展。教学中时时引入竞争，处处存在竞赛，可以充分调动学生的积极性、主动性、创造性，最大限度地发挥学生的潜能。

学生学习FrontPage制作网页时，刚开始觉得网页制作很新鲜、很有趣，都会认真练习，但时间长了就会觉得制作网站要输入那么多文字和图片资料，特别累，而且还需要花费大量的时间进行美化、调试，最终结果可能还是不理想。渐渐地，学生都马虎完成任务，学习效果可想而知。所以每节课我都让学生比一比、赛一赛，看谁设计得最有创意，看谁设计得效果最美，看谁制作得最快……让学生自由评选优秀作品，老师展示作品，极大地激发了学生潜能，取得了良好的教学效果。

四、联系生活，发展应用能力

生活是智慧的源泉，是学习应用的大舞台。学习的目的是应用，所以要提倡学生学以致用，让学生知道学到的东西可以应用于社会中，回报社会，从而激发学生学习的积极性，同时也发展了学生的应用能力。

在讲授Word设计电子贺卡一课时，我尝试把学生设计作品与生活实际紧密联系起来。学生可以根据不同情况，制作电子作品，真正做到学以致用，促进学生创新意识的提高。比如，可以制作"生日的亲情卡"，作为生日礼物送给自己的父母，表达对父母的感恩之情；可以制作"教师节"电子贺卡，送给老师；也可以制作"友情卡"，送给自己最要好的朋友……一节枯燥无味的信息技术课就变成了一场充满温情的"感恩会"。

五、动手实践，提升操作技能

实践是检验真理的唯一标准。心理学的有关研究成果表明：听和看虽然可以帮助学生获得一定的信息和学识，但远远不如运用操作给人的印象那样深刻，不如运用操作掌握得那样牢固，不如动手操作更能将有关知识转化为实践行为和能力。

电脑是一门操作性很强的课程，学生在掌握知识与方法后，进行实践操作必不可少。比如，信息技术课中教学目标要求学生会正确安装、使用一些常用的软件。一般是教师先示范安装，然后示范如何使用软件，如果步骤多、注意点多、老师操作示范时间较长，成绩差的学生不易记清步骤，会产生复杂感，甚至怕学；成绩较好的学生，由于经常安装各种软件，对老师的温馨提示可能产生厌烦情绪。老师可谓吃力不讨好。真正练习时很容易出现各种各样的问题，所以在实际教学中我尝试让学生动手去实践，实践过程中让学生尝试与其他同学交流或者用查看课本、求助老师提供的辅助课件等方式解决问题。很快学生就能熟练掌握安装与使用方法。

六、以点带面，促进全体发展

学生的个体水平、能力、对知识的掌握程度等是有差异的。有一些学生接受能力强，掌握方法快，老师稍一讲解，马上就能掌握，也有一些学生因为前期对本节课的知识有所了解，所以上课内容对他们来说小菜一碟，驾轻就熟。而其他学生可能对知识的掌握稍慢一些。怎么办？如果能合理鼓励这些学生，让他们当小老师或小组长带动周围的学生，发挥以点带面的效果，进而促进全体学生的发展，就是很好的办法。

上课时，我经常抛出问题："谁知道方法？谁会？谁能？……"让掌握方法的学生上台操作、讲解示范，这既是对学生的一种肯定，也是一种激励。在学生操作练习环节，每组挑选1~2名掌握方法最好的同学担任小组长，协助指导小组内的同学。通过以点带面，整个班级的学生就能快速掌握方法。

七、自主探究，掌握学习方法

授人以鱼不如授人以渔。学生都有一颗好奇心，喜欢刨根问底，喜欢进行探究，所以经常问老师"为什么"，而电脑的知识很多需要动手操作，步骤不一，方法多种。如果只是老师讲解一两次，学生记忆可能不深；如果让学生通过自主探究寻找方法，不仅记忆最深，效率也最高。

例如，在讲解使用电脑画图软件的曲线进行绘图时，我首先提出几个问题，让学生自主探究："你能用曲线画波浪吗？""你能用曲线画水滴吗""你还能用曲线画哪些图形？"……学生可以借助课本，在一定时间内进行自主探究，然后组织分享交流。我发现很快学生就能掌握几种方法。有不少同学还能用曲线画出很多有趣的创新图形。对比传统的老师讲解法，通过自主探究，学生的学习效果更好，教学效率更高。

八、创设情境，陶冶学生情操

辩证唯物主义认识论告诉我们，认识的一般规律是由感性到理性、由具体到抽象，学习过程本身也是一种认识活动，也要遵循认识的一般规律。创设情境符合小学生的年龄和心理特点。教师要善于根据教学内容，创设一定的情境，调动学生的主动性，激发学生的想象力，培养学生的创新意识，陶冶学生情操。

在讲述PowerPoint制作电子作品时，我根据教材内容，选择"5·12"汶川大地震，创设为汶川加油的情境，先通过播放大地震的视频，给学生以心灵的震撼，以此刺激学生的感官，引起他们的想象，激发学生创新思维，陶冶学生情操。最后我提议：汶川大地震给中国人民，特别是四川灾区的人民带来了巨大的困难，你能制作一份电子报刊，表达你对灾区的感情吗？在创设情境的过程中，有很多同学眼睛红红的，眼里含着泪花，写下了很多肺腑之言，制作了精心的作品，取得了意想不到的"奇"效，实现由感性认识到理性认识的飞跃。

新时代素质教育要求我们在教学过程中充分运用各种教学方法和手段，调动学生学习热情，变被动学习为主动学习。只有改变单一的教学，灵活而合理地运用各种教学方法和手段，才能让信息技术教育这片天空阳光明媚。

参考文献

［1］李登江，张静凡.运用现代教育技术实话创新教育［J］.辽宁教育，2003（5）.

［2］李新.信息技术教育教学模式创新研究［J］.中国科技信息，2006（20）.

浅谈在信息技术课教学中开展创新教育

深圳市龙华区龙华中心小学　古兴东

当今世界是科技进步和社会发展突飞猛进的时代，邓小平同志提出"科学技术是第一生产力"。迎接未来科学技术的挑战，最重要的是要坚持创新，勇于创新。创新是一个民族进步的灵魂，创新是一个国家兴旺发达的不竭动力，这是由人类历史发展的经验反复证明的客观真理。

各国都在为抢占信息技术这一制高点而努力。为适应新形势，全国各地开设了信息技术课，培训学生对信息的搜集、获取、筛选、处理、应用的能力。不进则退，信息技术课作为新的学科在教学中应该开展创新教育。

下面我就信息技术课教学中开展创新教育谈谈自己的几点见解。

一、问题解决法

由于学生使用不当或其他原因，有时电脑难免会出现死机或其他小故障。传统做法都是出现问题—学生举手—老师解决。如果问题多的话，老师忙得团团转，常常顾此失彼。有研究表明，如果学生的问题得不到及时有效的解决，就会慢慢失去学习的兴趣。其实这些问题很大一部分只是一般的小问题，只是由于学生不熟悉电脑操作，不知怎么解决。

教学中我对小问题向全班同学进行描述，引起大家的注意，同时询问："有哪位电脑高手能自告奋勇帮一帮这位同学，解决这个问题呢？"这时一些水平高的同学就会举手，主动帮助有问题的同学。如果还是不能解决问题，老师可以再引导、启发学生去解决问题，学生实在解决不了的，老师可以动手示范给学生看，让学生从中得到提高。这样既可以减轻老师的负担，又可以快速解决学生的问题，而且极大地激励了水平高的同学的积极性，可以说一举多得。

二、讲练结合法

信息技术是一门操作性很强的课程，讲授知识时要注意讲练的有机结合，形成一个有机整体。如果只是练习，学生对电脑的基础理论知识掌握不牢固，一知半解；如果只是讲些理论，学生又会觉得枯燥无味，听不进去。这时可以采用讲练结合的方法，使理论与实际相结合，学生学习起来更容易接受，掌握也较牢固。

《网络蚂蚁》一课，教学目标要求学生会正确安装、使用网络蚂蚁进行下载网络资源。教师先示范安装，然后示范如何使用网络蚂蚁下载软件，由于步骤多、注意点多，老师操作示范时间也长，学生不易记清所有步骤，练习时很容易出现各种各样的问题。如果换一种方法，把讲授内容分成两部分：安装和使用。老师先示范安装步骤，然后学生练习安装，接着老师示范使用步骤，学生再练习使用。结果同样是一节课的时间，学生按第二种方法就比较容易掌握"网络蚂蚁"的安装、使用方法。

三、自由创作法

信息技术采用任务驱动已成为大家的共同认识，但是传统的任务法是直接具体地让学生完成练习来达到教学要求。这限制了学生的思维发展，挫伤了学生的激情，使学生形成了僵化的思维模式，扼杀了学生的创造性，摧残了学生的创新意识。

其实我们设计任务可以只定一个主题、大纲，不必拘于形式。具体细节给学生一点儿想象的空间，让学生自由设计、创作。例如，PowerPoint中幻灯片的小测试一课，是让学生练习输入"我的爸爸、妈妈"的幻灯片，完全不必按书本来练习，可以改成让学生自己写自己的爸爸、妈妈，从而把呆板地输入文字变成信息技术课与语文写作的有机结合。学生从中既练习了电脑文字的输入、编辑，又可以练习写作。学生的积极性、创造性得到很大的提高，个别同学还能写出不错的作品来。

四、兴趣激励法

兴趣是最好的老师，兴趣是学生学习的最大动力。如果一个人对一件事物没有什么兴趣的话，那他就不会认真去对待这一事物；如果有兴趣，就会全力以赴。最明显的例子莫过于电脑游戏了。很多同学一谈起来就津津乐道，为自己曾经战胜过谁而自豪，为自己知道某种游戏秘籍而骄傲。对于电脑打字，则认为很枯燥不想练习，只是上课在老师的压迫下才极不情愿地练习。把游戏与打字结合起来会怎样呢？像"金山打字通"中的游戏，我上课时让学生玩这些游戏，学生都兴趣浓厚，争先恐后地玩起游戏来，在不知不觉中打字速度也突飞猛进。

五、高手带动法

各科都有成绩好的和成绩差的同学。小学生都有极强的表现欲，都想在同学面前露一手，这需要老师多鼓励学生，给学生表现的机会。信息技术也是如此。家里有电脑的同学，经常玩电脑，电脑水平比普通的同学自然高一截，上课时老师所讲的这些知识对他们来说是小菜一碟。老师布置的任务他们几分钟就可以完成。完成任务后他们无所事事，就会想着去玩其他的游戏，或上网，或扰乱其他同学。而很少玩电脑的同学却觉得电脑很难，要十几、二十几分钟才能完成任务。

其实水平高的学生是一笔不可多得的宝贵资源，我们应该充分运用好这一资源。每次我让每组最快完成的1~2名同学为小组长，让他们去辅导其他同学。既可以协助老师解决问题，又可以发挥这些同学的技术优势，让这些小高手有一展身手的机会。因为这些同学有一些语、数、英成绩不是很好，但是电脑玩得很棒，使得他们也有机会露一手，这样学习起来更有劲，其他同学也得到了提高。

六、比赛竞争法

优胜劣汰，是自然界基本的法则，没有竞争，任何事物都不会向前发展。教学中时时引入竞争，处处存在竞赛，可以充分调动学生的积极性、主动性、创造性，从而最大程度地发挥学生的潜能。

在学习FrontPage制作网页时，学生刚开始觉得网页制作很新鲜、很有趣，时间长了就会觉得制作网站要输入那么多文字、图片特别累，都马虎完成任务。所以每节课我都让学生比一比、赛一赛，看谁设计得最有创意，看谁设计得最好，看谁制作得最快……最后让学生们自由评选几幅最优秀作品出来，老师可以打印出来展示，以此激发学生的创新精神和创造性。

"青出于蓝而胜于蓝。"只有创新才能实现跨越，才会有进步。信息技术是一门新课程，也要不断地创新才能发展……

信息技术教学中学生探究能力的培养浅谈

深圳市龙华区龙华中心小学　古兴东

苏霍姆林斯基曾说过："人的心灵深处总有一种把自己当作发现者、研究者、探索者的固有需要，这种需要在小学生精神世界中尤为重要。"探究学习，是指学生独立地发现问题、获得自主发展的学习方式。要让学生自己发现问题，探究解决问题的方法，通过各种学习途径获得知识和能力、情感和态度，特别是探究精神和创新能力的发展。我结合课堂教学实践和观察反思谈谈这方面的体会，希望能够抛砖引玉，与大家共同探讨。

一、善于提问，激发思维

古人云："学贵有疑，小疑则小进，大疑则大进，无疑则不进。"提出问题，包括老师要善于提问，引导学生积极思考；也包括学生自己主动发现问题，对知识进行质疑，大胆提问，探索新知。提出问题后鼓励学生对问题进行思考，去探究、解决问题。这对学生自己来说印象、感受最深，理解得也最深刻，从而培养了学生自主探究、积极思考的良好品质。

例如，第10册第1课《近视眼预防与眼睛保健》。这节课主要是学习Word排版和版面设计，对五年级学生有一定的难度。课前我先提问："你知道报纸由哪些部分组成呢？"让大家通过自己观察，了解了报纸的版面结构。上课时，进一步提问："如果设计一个有关《近视眼预防与眼睛保健》的电子小报，需要哪些项目呢？"引导学生探究生活中的报纸与电子报刊的关系。再提问："你能用所学的电脑知识设计吗？"通过以上三个问题，使学生在不知不觉中把这节课的重点通过自我探究解决了，达到了良好效果。

二、激发兴趣，激励探究

知之者不如好之者，好之者不如乐之者。兴趣是最好的老师，兴趣是学习的挚友。纵观古今中外，凡是有所成就的科学家、艺术家，他们的成功无不与兴趣有关。在教学中要重视培养学生的兴趣，从而激发学生探究的积极性。

例如，在教学第3册第12课《我的学生证》时，我首先提议同学们讨论一下对学生证的看法，包括举例说说它的优点，说说你认为需要改进的地方……通过热烈的讨论，学生情绪都很高。这时，我进一步提议："大家看法真不少，老师觉得你们说得很有道理，现在就请你们当一回设计师，自己动手设计学生证吧！"结果学生都很认真地探究、设计，作品很美观，大大提高了学生的审美能力和探究能力。

三、鼓励实践，敢于探究

实践是检验真理的唯一标准。鼓励学生遇到问题勇于实践、敢于探究，通过自己动手试一试，去寻找答案。方式不限，可以上网查找资料、查看书本，或者与其他同学讨论，再使用电脑大胆进行尝试，查找解决问题的方法，勉励学生"失败乃成功之母"。

例如，第3册第8课《美丽的贺卡》。学生对贺卡再熟悉不过了，所以我上课时鼓励学生大胆尝试制作、设计。把自主权交给学生，让学生自己试一试，如何进行页面设置，如何设计边框，如何设计底纹，如何设计艺术字……学生通过尝试、探究，掌握了设计贺卡的方法，比老师先讲授，学生再练习的教学方式要好很多，效果事半功倍。

四、探究生活，学有所用

传统教学中，学生掌握的知识大部分都局限于学校应用，使学习与生活脱节，不利于提高学生对学习的积极性。所以，我们在教学中，应该支持学生在生活中进行探究，或者在学生掌握一定的方法后，让学生把探究活动与生活紧密联系，使学生做到学有所用，回报社会。

第12册第4课《紧急情况下的自我救护》，是一节PowerPoint复习课。我以《焦点访谈》的形式提问："当在生活中遇到紧急情况你会怎么办？"让学生思考、讨论。接着，提出问题："你们能不能把你所要表达的内容，通过

PowerPoint设计作品展示出来？"引导学生积极思考，一步一步地从讨论生活中遇到紧急情况应如何应对到运用所学知识设计电脑作品，从而将信息技术与生活安全教育相结合，达到了良好的效果。

总之，在我们的实际教育教学中，需要多支持、鼓励学生，为学生创设一个自由、民主的学习环境，从而培养学生自主探究的能力。

第二节	教学感悟

计算机辅助教学之我见

深圳市龙华区龙华中心小学　古兴东

21世纪是信息时代，以快速高效的传播和利用信息资源为特征。要在21世纪处于不败之地，现代化、信息化教育是关键。教育现代化、信息化是指在教育过程中比较全面地运用以计算机多媒体和网络通信为基础的现代化信息技术，促进教育的全面改革，使之适应即将到来的信息化社会对教育发展的新要求。

在小学教学中充分利用计算机辅助教学，并与其他多媒体配合，可以使学生在获得知识的同时，各方面的能力也得到有效的开发与培养，进而使学生的素质得到全面提高，适应信息化社会的需要。

一、利用计算机辅助教学，激发学生学习的兴趣

纵观古今中外，凡是有所成就的科学家、艺术家，他们的成功无不与兴趣有关。高斯自小对数学非常感兴趣，一有空就钻研数学，后来终于成为一代数学大师。搞好教学的关键在于培养学生的兴趣。

常有家长说自己的孩子玩起游戏来达到废寝忘食的入迷程度，水平也很高，一般大人也比不上他，但不喜欢学习，不管怎样教都不见效果，甚至打骂也没用。这就是兴趣在起作用了。学生对感兴趣的东西会积极、主动、认真地去学，如游戏；对不感兴趣的则马虎应付，效果可想而知了。

计算机多媒体手段的使用可以大大激发学生的兴趣，从而提高效率，达到事半功倍的效果。例如，《信息技术》第二册的教学内容主要是指法练习。谁都知道指法练习是学好信息技术的第一步，也是最关键的一步，而这也是最苦最累的一步。很多大人进行指法练习时，都不能持之以恒进行练习，更何况不到10岁的孩子。不一会儿学生就会怕苦叫累，不想练习，或是乘老师不注

意，偷偷地不按照正确指法，仅用一个手指敲键盘……我利用计算机辅助教学软件"金山打字通2000"的打字游戏，让学生进行指法练习。一说游戏，学生兴趣就来了，个个摩拳擦掌，跃跃欲试，谁也不服输，教学效果自然有了显著的提高。

二、利用计算机辅助教学，培养学生的思维能力

思维是人脑对客观事物间接概括的反映，它能揭露事物的本质属性和内在联系。思维能力是智能的核心。老师运用计算机辅助教学可以边演示、边引导学生去思考问题，启发诱导学生去分析问题、解决问题。

数学课中有关三角形的面积计算公式，老师可以先利用计算机设计一个这样的课件：先出现一个长方形，接着把长方形分成一个大三角形、两个小直角三角形。其中，两个小直角三角形经过旋转、移动，刚好把大三角形覆盖。播放这个动画后，启发学生去分析、综合得出三角形的面积公式。学生欣赏完动画后，马上会思考：从动画中可以看出三角形的面积应该是长方形的面积的一半，而长方形的面积等于长乘以宽，所以三角形的面积应该是长与宽乘积的一半。再进一步引导学生：长方形中是长与宽，而三角形中叫底与高。学生经过思考后得出最后结论：三角形的面积是底与高乘积的一半。

三、利用计算机辅助教学，培养学生的观察能力

学生是天真、活泼、好动的，都有一颗好奇的童心。对身边任何新事物都会感兴趣，爱问为什么。教师教学时可以充分利用计算机多媒体辅助教学手段引导学生观察、比较，培养学生的观察能力。

例如，自然课中讲述日食现象时，以前只是老师挂出几幅挂图让学生看。但只是展示几幅挂图，很多学生观察完后对日食现象还是似懂非懂。现在利用计算机辅助教学，播放有关日食的片段让学生观察，很快他们便明白了什么现象是日食，对于日食的形成原因、形成过程有了清晰的观念，学生的观察能力也得到了培养。

四、利用计算机辅助教学，培养学生集中注意力

注意是心理活动对一定事物的指向和集中，注意力是智能的门户，没有注意力的集中，任何有目的的活动都难以获得有效的成果。利用计算机丰富的

色彩、美妙的音乐，以及卡通动画效果等多媒体手段辅助教学，能给学生以新奇的刺激感受，吸引学生的注意力，激发学生的学习兴趣，提高学习效率。

例如，《詹天佑》一课，讲述了詹天佑设计的京张铁路，学生感到枯燥无味，上课无法集中听讲。而改用计算机播放京张铁路动画以后，学生感到很新鲜，注意力始终高度集中，课堂气氛也活跃了很多，学习积极性一下得到了很大的提高。

总之，现代教育技术的应用大大提高了当前教育的现代化、信息化水平，适应了现代信息社会发展的需要。实践证明，计算机辅助教学的广泛应用，不仅有利于我们普及计算机知识、激发学生的兴趣，而且提高了学生学习的积极性，培养了学生的思维能力、观察能力及注意力，大大提高了教学效果，促进了学生素质的全面提高。

计算机辅助教学的广泛应用，已成为现代教育改革和发展的动力。

生命化教育理念下的Scratch趣味学习"三变"

深圳市龙华区桂花小学 蔡艳妮

一、生命化教育理念

"生命化"的提法源起中国人民大学教授、著名哲学家黄克剑先生早期在一次接受教育学者、诗人张文质先生访谈时对教育使命三个层次的论述：授受知识，开启智慧，点化或润泽生命。它的核心观念是：以生为本，主动学习，全面发展，个性发展。突出学生的发展：变"要我学"为"我要学"；变"苦学苦读"为"乐学善学"；变"重智轻德""片面追求分数"为"德智双馨""能力为重"；变"千人一面"为"千人千面"。我校以"让生命因教育精彩"为办学宗旨，以"一样的生命，不一样的精彩"为办学理念，将学校发展成"生活的花园、求知的学园、活动的乐园、成长的家园"，并据此建立了生命化课程观，让课程成为生命的经历和体验，突出"三个转变"，即从知识中心向生命中心的转变，从关注目标到关注过程的转变，从老师的"教程"向学生的"学程"的转变。Scratch趣味学习的"三变"正是在此理念下提出的学习路径。

二、Scratch课程简介

Scratch是由美国麻省理工学院媒体实验室开发设计的一种图形化编程工具，它能让编程变得像搭积木一样简便，富有逻辑性、互动性、趣味性。通过拖拉、组合脚本，就可以轻松地实现互动的故事、动画、游戏、音乐等元素，将数学、科学、艺术等方面的知识融入创意作品，让学生在动手动脑中学习信息技术、培养创新意识、提升信息技术核心素养。

深圳市在2016年引入广东教育出版社的小学信息技术课本第四册（下），以Scratch软件为平台、情景故事为载体的12课教学内容，课本设置"学着做""说一说""试一试""显身手"等栏目，引导学生通过指尖将生活搬进屏幕，进一步激发了学生"想学""学好""探秘"Scratch编程世界的兴趣。

三、生命化教育理念下的Scratch趣味"三变"

作为一线信息技术教师，我在两年的Scratch教学实践课堂中，与学生互学互长，切身体会到爱因斯坦说的"兴趣是最好的老师"，践行在课前调动学习兴趣、课中激发求知欲、课后提升探索欲，让学生"学有所成"、教师"教有所得"。现将Scratch趣味学习的"三变"分享如下。

1. 改变学习路径：将"被动学习"变为"主动学习"

布鲁纳的"发现学习"理论强调学生的学习是主动参与、主动发现的过程，而不是被动地接受知识。在"发现学习"的过程中，教师创设能引起学生好奇心的探究情境，激发学生的内在动机，借助现象、图形等直觉手段刺激学生的直觉思维，帮助学生建构信息的结构网，便于储存、检索、提取加工的信息。据此，我把课堂真正地还给学生，改变以往教师提出任务—教师讲解—教师演示—学生模仿—教师评价的讲演教学路径。首先教师呈现故事案例，师生共同挖掘实现案例需要解决的问题，然后以导学单引领，课本、微课资源助学，在"学中做""做中学"的过程中，每个学生根据自己的学习风格选择不同的学习资源，根据不同的学习水平自行调整学习进度，让个性化学习在大班教学中成为现实。

在《Scratch创意设计——DIY绘图笔》一课中，教师以视频及Scratch制作的绘画笔效果——帽子的画法诱导学生移情入境，激起DIY的求知欲。紧接着，引导学生观察绘画功能及动作，在理解画笔的算法下，组合对应的脚本，通过采访小记者的形式，在互动对话中，实现小组间的协作对话，分析绘图笔画画的功能，根据导学单的提示（图1），分析笔与颜色之间的算法，拼出脚本，能利用易错点微课自行制作、调试绘图笔的软件开发，并画出图案。

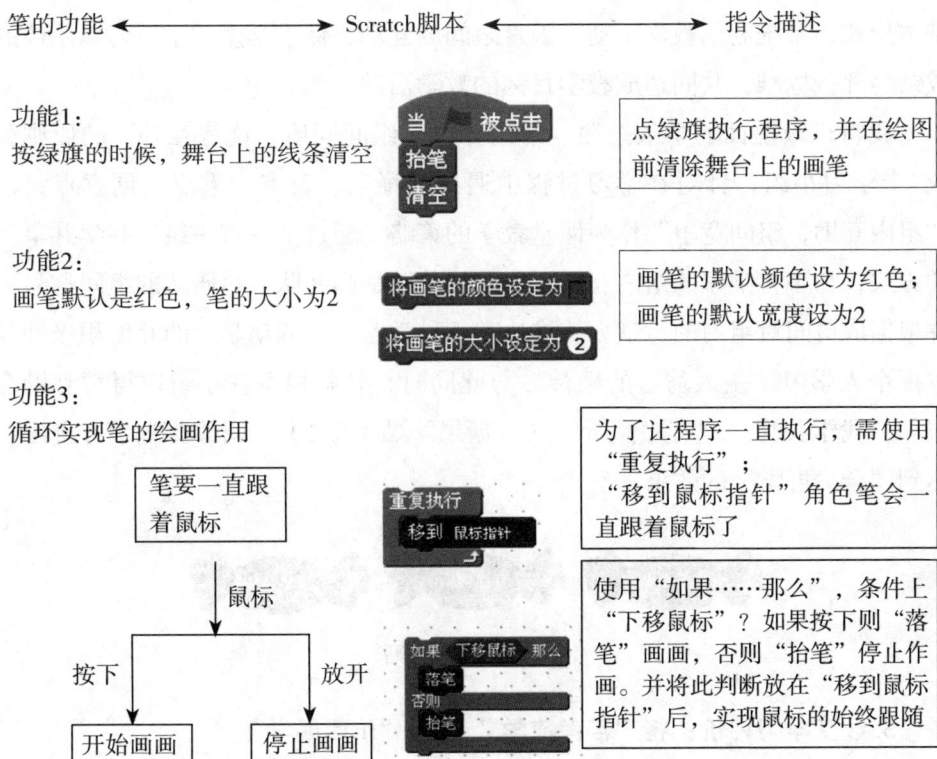

笔的功能 ◄————————► Scratch脚本 ◄————————► 指令描述

功能1：
按绿旗的时候，舞台上的线条清空

点绿旗执行程序，并在绘图前清除舞台上的画笔

功能2：
画笔默认是红色，笔的大小为2

画笔的默认颜色设为红色；画笔的默认宽度设为2

功能3：
循环实现笔的绘画作用

笔要一直跟着鼠标

鼠标

按下 → 开始画画
放开 → 停止画画

为了让程序一直执行，需使用"重复执行"；"移到鼠标指针"角色笔会一直跟着鼠标了

使用"如果……那么"，条件上"下移鼠标"？如果按下则"落笔"画画，否则"抬笔"停止作画。并将此判断放在"移到鼠标指针"后，实现鼠标的始终跟随

图1　析绘图笔，动手开发环节的导学单

2. 改变学习策略：将"单打独学"变为"合力群学"

《学记》中就有"独学而无友，则孤陋而寡闻"的记载，形象地描述了"合力群学"比"单打独学"有优势。"单打独学"的学习策略有一定的背景：为了保证学科知识的系统性、完整性，许多教师采用了凯洛夫的五环节教学模式[①]，即组织教学—复习旧知—讲授新知—巩固加深—布置作业。教师用"备好的台词"上"一次表演"，学生用"听到的知识"灌入"脑袋容器"，是一个教师对多个学生的信息输出，一个学生对一个教师的信息输入，信息流

① 凯洛夫.教育学［M］.北京:人民教育出版社，1953.

具有单向、静态的特点，不符合《国家基础教育课程改革纲要(试行)》提出的"转变学生学习方式，提倡自主、探究与协作学习，让学生的学习产生实质性变化，促进学生创新意识与实践能力的发展"要求。采用"合力群学"的策略，能有效地改变"一言堂"的状态。小组合作学习就是"以合作学习小组为基本形式，系统利用教学中动态因素之间的互动，促进学生的学习，以团体的成绩为评价标准，共同达成教学目标的教学活动"①。

我将班级里面的学生按照"组内异质、组间同质、优势互补"的原则分成7个学习小组，针对在学习过程中遇到的疑点、盲点、重点、创意点，以"组内互助，组间竞争"作为课堂教学的策略，通过"一带一组，共学共享"的方式，在小科学家的组内互助，争取徒弟队、师父队、科研队的组间称号，并根据成员间对组内的贡献力，推选"小科学家"，调动学生的互助积极性及发挥个人学习"主人翁"的精神。与此同时，教师根据各小组取得"互助合作""我学我秀""有序倾听"的"糖果"贴（图2），调节课堂学习进度，达到"合力群学"的效果。

图2　"糖果"贴

3.改变学习评价：将"苦考掩学"变为"乐活展学"

古人云："水不激不跃，人不激不奋。"学习评价能起到以评促学、以评促教的作用。以合适的方式多给予鼓励，以增强不同类型学生的学习信心，诱发内在的智力潜能，切实让学生在学习中体验成功的快乐。遗憾的是，教学一线还存在一些问题：重结果、轻过程，以分数定成败；评价过程单一性，以百分制为标准，等级评定、评语描述的缺失；评价主体单向性，以教师为权威，将评价的主体学生排除在外。致使学生以"问题评价"为指挥棒，苦苦追求分数，掩盖了学习评价促进学生发展的功能。

我采用"自我评价"与"小组评价"相结合的方式。自我评价：采用"3+2"的模式，即每个人对每一个功能采用3个优点及2个建议的组合，每个

---

① 庞国斌，王冬凌.合作学习的理论与实践［M］.开明出版社，2003.

学生对绘画功能、颜色切换、线条转变、创新功能4个方面进行评价，同时从自我优点、同桌优点、组长评优点、同桌建议、组长建议几个方面进行评价。实现自我的发展性评价，也关注在他人合作中、小组贡献中的评价，发挥评价促进学生发展的功能。

基于评价的小组互助。通过各小组取得"互助合作""我学我秀""有序探究"的"糖果"贴，达到"以评促学""以评促教"的效果，整个教学过程营造出"人人争当科学家"的自主、自主、开放的探究气氛。全班根据人数的多少分组，评出6个名次，以每个小组在每周课堂上完成作品的时间和质量进行糖果贴的排名，最终形成组内协作、组间竞争评价表。

小组根据所获得的糖果贴排名。其中，获得"互助合作"糖果的规则：整组合作完成作品，由组长自行贴糖果；组内互助积极前3组，可另外加2个。"我学我秀"糖果的规则：个人在课堂上作品的展示、问题的展示、解决课堂疑难问题秀出个人想法等环节将所学秀出来的，每次奖励1个。"有序倾听"糖果的规则：坐姿端正，中途认真听分析，讲解时能迅速、认真倾听，每次奖励1个。

每组组内根据组员为小组争得的糖果数量，以及帮助组员解决问题的数量，可自行推荐一名贡献奖。每周每组可有一名组内推优评价出的个人贡献奖。本班根据人数的分组情况，确定为6小组，即每周有6名同学可获得个人贡献奖的荣誉。同理，设置个人创意奖，以学生作品的创意性来衡量。图3是学生的课堂创意作品。

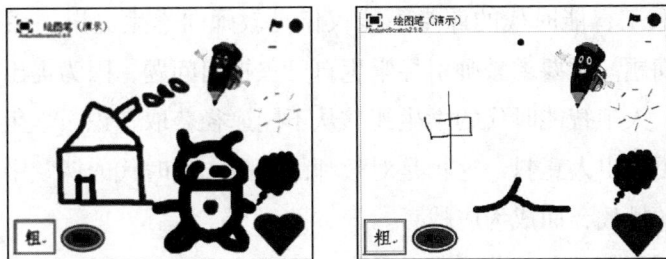

图3　学生创意

生命化课堂要实现三个转变：从"教"走向"学"，激发学生的生命潜能；从"传授"到"体验"，使学生感悟生命的价值；从"规训"到"自主"，使学生的生命自由发展。Scratch编程软件作为一种工具，是实现自己编程算法、解决创意需求的载体。小学生的思维处于从具体形象思维逐步过渡到抽象逻辑思维的过程，Scratch可视化编程语言可引领学生关注生活，抽离出真实的生活情景任务，将思维能力的训练融于具体的创意之中。学生用"程序指令"来描绘自己的"创意需求"，不仅实现了生活中真实问题的解决，也进一步提高了应用算法思想解决问题的能力，由感性经验向抽象逻辑推理方向发展。这对学生创新意识、创造能力、创新思维的培养具有至关重要的作用，让学生以"一样的生命，成全不一样的精彩"。

教师角色转变的三点思考

深圳市龙华区广培小学　邓银珍

当教师遇上人工智能，这已经不是传说，不是遥远的想象，而是正在到来的现实。那么，教师作为这场变革的主要经历者，该如何转变角色融入其中，争当有使命感的教育信息化领跑者，实现教育的变革和创新，走向教育新时代？

一、教学方式变革中教师角色的转变

1. 延传统精华，应万变挑战

传统的课堂教育，自起源以来已有几千年历史，成为人类进步和社会发展的重要推动力量，自有其精华之处。

但是，人工智能时代的课堂不能仅仅是教师向学生提出一系列的问题，让学生解决问题。它要求教师引导学生自己去提出问题，因为提出问题比解决问题更重要。人工智能时代的学生能够从不同途径获取知识，学生向教师提出的问题也许更加出人意料，这将是对教师的挑战。新时代的课堂中教师需要随时接受学生的挑战，而成为应战者。

2. 教育教学智能化，化良师为益友

首先，人工智能让优秀的教育资源被更多的人所享用，这正是人工智能在整个教育领域里能够发挥的巨大作用。这就意味着教师不能单纯依靠自身的知识和课本内容来进行教学，而是要根据课程目标去不断探索，教师要从单纯的教学者变成知识的探索者。

其次，人工智能让更多教学方式诞生及应用，相比以前的教师主讲、学生被动接受的情况，现在的教学方式逐步向以学生为中心改变。教师要有甘当小学生的勇气，与学生共建课堂，与学生一起学习、一起分享、一起成长。教师不仅要成为学生的良师，更要成为学生的学友。

3. 寻求教学新平衡，促进目标最优化

人工智能时代背景下的教师，绝不能仅仅以教学艺术取胜，而是以能否与学生融洽相处，并能促进他们创新学习作为衡量一个教师是否优秀的重要标志。学校教学方式将在人工智能的背景下变革，作为教师不应该让它偏向于教的那一面，也不能偏向于学的那一面，而是要寻求教与学的平衡，促进教学目标的最优化。

二、学生学习方式变革中教师角色的转变

1. 迎接人工智能时代，改变学生学习方式

教师不再是学生唯一的"知识源泉"，学习者可以根据自己的兴趣爱好及时间安排完全自主地决定学习内容、学习方式、学习时间，也不限定学习地点。

因此，在学生学习的过程中，教师不仅要输出，还要培养学生识别信息的能力，同时接受学生输出的信息；教师要促成学生学习过程中信息的双向或多向交流；教师要由"信息源"向"信息平台"转变，成为教与学中信息交换的平台，改变学生的学习方式。

2. 探索学习新方式，增强主观能动性

人工智能时代的学习不再是强制性的，而是自主性的；不再是固定式的，而是流动性的；不再是标准化的，而是个性化的；不再是封闭性的，而是开放式的；不再是阶段性的，而是终身性的；不再是灌输性的，而是渗透性的。

因此，教师可以抓住这一机遇，探索更有利于发挥学生主动性的学习方式，如研究性学习，教师可以结合教学内容，给学生提出研究性学习的任务，鼓励学生在互联网世界中探索知识，发现问题，分析问题，寻求解决问题的途径。在这一过程中，不仅将互联网的教育作用发挥到了极致，而且真正提升了学生自主学习的能力，激发了他们的探究欲望，使他们树立了终身学习的意识，最终成为学习的主人。

三、教育观念变革中教师角色的转变

人工智能时代的到来给我们带来了先进的技术手段和设备。面对新的信息技术，教师如何适应新的媒体、驾驭新的媒体，融入教育新时代，转变教育观念是前提。

1. 融入创客时代，助力人工智能

创客教育主要是从学习者个体能力的发展出发，注重培养学生的人际沟通能力、团队协作能力、创新问题解决能力、批判性思维能力和专业技术能力。

身为学校教师尤其是信息技术和科学等相关学科教师，则需要做好随时兼任创客教师的准备。简而言之，创客教育推动了教师角色的重构、教学内容与方法的变化。

2. 创新教育理念，提高创新本领

在人工智能时代，课堂教学创新环境下的教育理念创新主要体现在创客教育。教育理念从灌输式培养到学生创造力的培养，向Steam教育、创客教育、智慧教育的转变，使得培养学生创新能力、知识创造能力迫在眉睫。

人工智能时代背景下的教师，首先，应该自觉提高自身教育创新的本领，直面新时代教育改革发展的重大理论和现实问题，大胆参与创新探索，勇于进行教育实践，不断创新自身教育理念，改革教育教学方式方法，突破育人瓶颈障碍。

其次，教师要努力成为学生创新精神的呵护者、创造能力的培育者、创业生涯的指导者，把他们培养成建设世界科技强国的一代新人。

最后，习总书记说，让教师成为人人羡慕的职业。既然时代给予了教师高度的赞誉，教师在人工智能时代更应承其重、顺其势、变其思、出其力，做好教育教学改革与创新。

面对人工智能时代给出的新机遇、新挑战，教师的工作职责不会变，但是教师的角色在转变、在增加，未来"人机协作"肯定会受到整个职业教育的关注，人要懂得如何与机器协作，因为用真心做服务、做沟通交流的工作内容是机器取代不了的。同时，教师的知识魅力、人格魅力，永远是学生的榜样，是一种巨大的教育力量。因此，每一位教育工作者都必须坚定信心，解放思想，聚精会神，锲而不舍，全力打造出领先于世界水平的"人工智能新教育"，争当有使命感的教育信息化领跑者，让无边界自由学习成为即将到来的

現实，让师生的创新能力得到最大限度的释放，让每个学生的梦想都能展翅高飞！

高处的《Goc编程》也胜寒

——浅谈《Goc编程》教学

深圳市龙华区广培小学　钟碧霞

计算机时代已经来临，信息技术的浪潮正在改变着我们生活的世界。新的时代，教师的信息化教学能力重要性不言而喻。信息化教学，应该是能让学生学得快乐、教师教得轻松的高效课堂设计教学，不应该只是流于表面。那么，如何做好课堂设计，更好地突破传统教学、提升学生的学习效率呢？今天，我也想根据自己的《Goc编程》教学经历，谈几点体会。

一、注重课前导入，充分调动学生的学习兴趣

新课标理念提出："要充分发挥现代教育资源优势作用，提高学生自主学习的积极性和主动性，科学解决教学中的重难点，提高学生的实际操作能力，提高课堂教学效率。"烂熟于心的一句老话说得特别好："好的开始就是成功的一半。"Goc是一种可视化编程绘画，它以C语言为基础，又通过可视化与绘画的方式使学生能够更直观地学习编程，了解编程过程。与我们以往计算机画图不同的是，Goc没有现成调用的画图工具，而是通过英文字符的命令语句编写程序来画图，它的使用界面与专业的编程软件C++相似。这样的编程对于小学生来说还是有点困难的。如果我们一开始没有把这种困难转化为兴趣和动力，没有把课堂气氛营造起来，而只是单刀直入给出指定的任务让学生循规蹈矩地去做，学生的主观能动性很难被调动起来。

导入的方法有很多，有情境导入、故事导入等，我们的教材刚好就是在一个个有趣的活动和情境中学习用简单的程序命令来编写程序的，可以用课本的故事情境在穿插整个课程中，当然也可以利用小学生最喜欢的游戏导入。我们都知道游戏对小学生来说有着挡不住的诱惑，而计算机也正具有玩游戏的特点，我们完全可以大胆利用游戏导入，把新课程的学习寓于游戏中。区教研员

王西凯老师曾组织过全区信息老师参加了如何上好课的研讨会，当时分享的老师都提到了导课的重要性，王老师还亲自在教科院附小教授了一节《打砖块》的Scratch编程课，当时也利用了游戏导入，极大地调动了学生的兴趣。编程都有相似点，所以在教授《丛林舞台赛》这一课时，我也大胆模仿，结合教材的要求，课前下载好相关的能量值大战的游戏，然后请学生设计挑选优秀选手参赛的程序，学生在游戏中就能发现，要取得比赛的胜利就必须选一个能量值大的选手参赛，怎么挑选选手是关键，从而引入if条件判断语句的学习，学生也逐步学会了如何使用if条件判断语句的程序命令。

二、教学过程注重培养学生的核心素养

华东师范大学课程与教学研究所崔允漷教授曾指出，我们的传统是重视"双基"，即基础知识与基本技能，后来又提出三维目标，再到核心素养，是从教书走向育人这一过程的不同阶段。打个比方，落实"双基"是课程目标1.0版，三维目标是2.0版，核心素养就是3.0版。新课标指出，核心素养是关于学生知识、技能、情感、态度、价值观等多方面要求的综合表现。中国教育学会副会长、国家督学张绪培则更加通俗地解释了核心素养。他说，今天孩子在课堂里学化学，不是让他成为化学家，因为这毕竟是极个别人的事。我们关注的是，毕业以后，作为一个公民，学过化学和没学过化学有什么差异？化学能留给他终身受用的东西是什么？这就是核心素养。

那么，在我们的Goc课堂中要关注学生的哪些核心素养呢？我觉得应该是重点关注学生对Goc编程工具的使用、编程概念的掌握、编程实践的运用及尝试完成具体任务的学习经历，从而开发学生的计算机思维能力、应用能力与创新能力。教学实践告诉我们，学生是喜欢用Goc做有趣的程序的，他们喜欢玩自己的程序，喜欢创造自己从未制作过的事物。例如，我在讲授《五彩纷呈的花朵》时，设计了一项非常简单的模仿练习，就是让学生模仿课本第35页的花朵图案进行图案设计，要求是至少设计4个图案。大部分学生（称A类学生）把4个图案重叠设计在同一页上；还有一些学生（称B类学生）把一个图案设计在一页上，分4页设计；极少数学生（称C类学生）把4个图案分开设计在同一页上而不重叠。当进行学生作品的总结展示时，C类学生是最有成就感的，因为他们看到了自己的成果跟书本的不同之处，觉得这是自己制作的图案。这也正是我们想要培养的学生对Goc编程工具的使用及尝试完成具体任务的学习

经历。老师们需要真正理解核心素养，才可以与自己所教授的课程相结合，进而培养学生的核心素养。

三、建立良好有效的师生关系、生生关系，提高课堂效率

教育学理论研究认为，好的氛围或者气氛，是指一种基于教学环境、活动情景与心理基础的交流、沟通的"气场"，是教学中师生关系培育必不可少的前提。有了好的气氛和氛围，教师与学生之间的交流便无阻碍，学生会更加信任、尊重和依赖老师，老师也可以更好地指导、引领学生不断进步。如果说兴趣是最好的老师，那么良好的师生交流氛围则是学生愿意跟着这个老师学习的最大兴趣。编程本身是很难的，在学习过程中师生关系十分重要，而教师的素质与修养又直接关系到学生学习状态的好坏。在电脑室上课，学生很容易因为玩游戏对自己的学习失去控制，如果没有良好的师生关系则很容易造成课堂冲突。因此，教师作为师生关系培育过程中更为主动的一方，必须全面提升个人的素质、能力和修养，营造愉快、充满激情的师生交流氛围，让学生"轻装上阵"，体会Goc学习的乐趣与益处，并激发学生积极主动与老师沟通、互动的欲望。在授课过程中，教师要充分考虑学生的感受和需求，要摆脱传统的"滔滔不绝"式讲述的模式，采取全新的师生互动的授课方法。课堂中分组教学则可以很好地促进生生互动，在教学中如果仍然采用"一刀切，齐步走"的教学模式，就会造成优等生"吃不饱"、中等生"提不高"、后进生"吃不了"的局面，这样势必加剧两极分化。分组时，根据学生人数将学生分成若干小组进行学习，同时注意好中差学生的调配。一组中应由好中差的学生组合，这样有助于小组学习，而不是一组中均是后进生。在每一个小组中挑选一名得力的组长作为老师的小助手。例如，在学习《百变画线》一课时，我先给学生布置了3个任务，即画一条线、画两条线、画三条线。然后让学生在授课之余分小组仔细研读并探究趣味编程的这三个任务；留出15分钟左右的时间给学生提问、交流，为师生、生生互动和沟通营造时间氛围。这样，教师也摒弃了"满堂灌"的授课方法，当师生或生生为共同解决一个问题或任务进行亲密互动、有效沟通的时候，整个Goc课堂立刻就变得更加活跃，更具吸引力。课堂往往也可以达到"事半功倍"的良好教学效果。

总之，要想达到良好的教学效果，教师必须做到备课充分，既备教材教法，又备学情学法，更需要备教学资源，充分发挥资源优势，做到因材施教、

有的放矢，使学生真正成为信息技术课堂教学的主体，真正实现高效课堂。

作为新时代的信息教学，信息化教学并不应该只是流于表面，老师的信息化教学能力十分重要，这将直接影响下一代人的学习方式，直接决定人才培养的质量。但是，教学有法，教无定法，我们都应该努力提高自身素质，综合运用多种教学方法，以提高学生的信息技术素养，获得最佳的教学效果。

参考文献

［1］管雪沨.从趣味编程走向趣味创造［J］.中小学信息技术教育，2013（2）.

［2］袁海兰.核心素养——教学改革的一面旗帜［J］.新教育时代电子杂志（教师版），2017（12）.

［3］杨碧君，王迪.基于核心素养理解下的区域课程建设策略研究［J］.中国教师，2016（9）.

第三节 教学研究

启迪智慧 开阔视野
——关于上海教育的点滴体会

深圳市龙华区龙华中心小学 古兴东

上海教育走在全国的前沿，最早在全国义务教育阶段实行"绿色评价"体系，最近连续两次参加全球PISA测试，三项素养保持第一……多年来，一直深深地吸引着全国教育同行的目光。上海教育真实情况如何？有哪些经验值得大家学习？

我曾有幸作为龙华新区名教师高级研修班成员，远赴上海华东师范大学，进行为期两周的培训，带着对上海教育发展的众多疑问与期待，与上海教育零距离接触，通过细细聆听、慢慢体会，感受颇深，受益匪浅。

一、聆听专家讲座，启迪教学智慧

本次学习第一周是理论学习，先后共聆听了10位教育专家的讲座。这些专家涵盖各个领域、各个部门，既有华东师范大学的教授，又有上海教科院、上海考试院的专家；既有成绩显赫的特级教师，也有经验丰富的校长。

专家、教授分别从教师如何做课例研究、课堂教学转型变革策略研究、教师反思与课堂教学品位的提升、教育变革与教师专业发展、课堂改良和有效教学等角度，深入浅出地介绍方法，分享经验。有的口若悬河，侃侃而谈；有的肺腑之言，引人深思；有的慷慨激昂，引经据典；有的慢慢叙述，娓娓道来；有的幽默风趣，引人关注……我总结以下几点与大家共勉。

1. 学习：学会学习，比获取知识重要

肖家芸教授提出：过去，"教科书是学生的世界"，课程是教学。现在，"世界是学生的教科书"，课程是育人。人的生存发展要素中，智商占

40%，情商占60%，而40%的智商中，知识占10%，能力占30%。德国教育家有一种看法："过多的知识会使孩子的大脑变成计算机的硬盘，长此下去，孩子的大脑就慢慢成了存储器，不会主动思考了。" 因此，让学生学会学习（渔）比获取知识（鱼）更重要，学校应该注重培养学生掌握学习所必备的科学方式方法，养成良好的学习习惯。

2. 技术：合理应用新技术，是提高教学效率的金钥匙

随着社会的发展，大量涌现出各类新媒体、新技术，有效促进了教育的发展。事实证明，指尖快乐胜过学校毫无自由的考考考，视屏魅力优于爷爷奶奶式乏味的说教。最近，微课、电子书包、网络教学平台等新技术的应用，带来的翻转课堂教学模式，彻底转变了原有的教育教学方式，有效促进了学生自主学习。未来，随着技术的进步，教育将向教材多媒体化、资源全球化、教学个性化、学习自主化、任务合作化、环境虚拟化、管理自动化、系统开放化等方面发展。作为当代教师，应该顺应潮流，与时俱进，合理运用新媒体、新技术，提高教学效率。

3. 问题：让孩子尝试发现问题，并探究解决问题的方法

中国的课堂，千方百计追求没有问题，而美国课堂认为，课后没有问题，是不成功的课。中、美课堂关于问题的看法，体现出价值追求、文化的差异，也是对教育理解的差异。正所谓寸有所长、尺有所短，谁是谁非，并无绝对定论，中、美教育方式各有所长、各有所短。美式教育的长处是我们的短处，他们的短处是我们的长处，因此我们不妨也尝试引导学生去发现问题，并探究解决问题的方法。

4. 激励：对孩子的理解、支持与鼓励，可能影响孩子的一生

"世上最危险的职业有两个，一个是医生，另一个是教师。庸医害一个人，庸师害一群人：毁的是孩子的精神和心灵。"这句话并非危言耸听，在孩子的成长过程中，老师扮演着极其重要的角色。赵才欣教授给大家分享了"老师，我可以不爱吗"的教育故事，正是因为老师的理解与包容，促进了孩子的健康成长、幸福生活，这个故事引人深思，时刻鞭策着我们老师。正如伟大的教育家陶行知先生所言："你的教鞭下有瓦特，你的冷眼里有牛顿，你的讥笑中有爱迪生。"

5. 榜样：学高为师、身正为范，注重发挥言传身教的作用

榜样的力量是无穷的。在中央电视台的一则广告中，母亲给奶奶洗脚时，孩子也跌跌撞撞地端来一盆水，笑盈盈地端到母亲面前，用稚嫩的声音说"您也洗脚"，多么令人感动。还有一个故事，老人老了不但不能干活，而且吃喝拉撒都要人照顾，成为家里的负担。因此，老人的儿子用竹篓把老人背到很远的山中扔下，老人的孙子看见了，默默地将竹篓捡起收藏好。父亲问他做什么。小孩说："等你们老了，好背你们呀！"父亲听了无地自容，赶紧将老人背回，好好照顾。这就是榜样的力量，当我们教育学生应该怎样做时，要先问自己有没有做到。

6. 行动：正是行动，造成了人与人的差异

听过易忘，看过易记，做过才会。一次，美国通用电气公司首席执行官杰克先生来华讲课，一些企业管理人员听完课后，感到有些失望，便问："您讲的那些内容，我们也差不多知道，可为什么我们之间的差距会那么大呢？"杰克先生听后回答说："那是因为你们仅仅是知道，而我们却做到了，这就是我们的差别。"正是行动，造成了人与人的差别！作为老师的我们，应该多TRY、多实践、多行动，这样离成功、离名师就更近了……

二、下校实践交流，开阔教育视野

第二周为下校实践交流时间，与上海教育零距离，亲密接触，先后参观了3所各具特色、各有千秋的学校，听了9节各学科的展示课、3节专题讲座，并与学校老师进行深入交流、讨论，极大地开阔了教育视野。请随我走入他们的校园，深入他们的课堂。

1. 求真尚美

新黄浦实验学校是一所民办九年一贯制学校，校园环境处处整洁、有序，彰显其办学的规范化程度之高，阐释着"新黄浦"人的求真、务实精神。"山不在高有仙则名，水不在深有龙则灵"，学校作为市课改实验学校、华东师范大学的基地校，扎实有效地连续多年开展全国有效课堂教学的课题研究，影响深远。小学部只有30多名老师，却有4名老师拥有中高职称，个个都是学科骨干。课堂教学求真、求实，没有花架子，孩子们积极踊跃，表现出良好素质。

2. 温诚勤朴

卢湾区第二中心小学是一所百年老校，校园面积不大，但"麻雀虽小，五脏俱全"，体育馆、各类功能室齐全，校园的每一处环境都精心设计，巧手

打扮，处处彰显人文气息。教室颇具个性，犹如家一样温暖，机器人室、创新实验室、音乐室等功能室设计独具匠心、各有特色，展示的学生作品充满想象力，令人叹为观止。老师课堂教学形式多样，趣味横生，展示的语文、数学、音乐等多节公开课，体现了师生良好的素质，课堂互动氛围热烈，师生关系融洽，老师乐教，学生乐学。

3. 追求卓越

华东师范第二附属中学是上海高中"四大名校"之一。校园2002年整体搬迁至现在的浦东区，设计"高端、大气、上档次"，有各类类似大学的创新实验室，方便学生进行物理、化学、生物等科学研究。学校以追求卓越、创新实践为使命，以信息、科技为突破口，引领学生发展。为促进学生的全面发展，提高综合素质，学校提出100%的学生在校做100个实验，培养动手能力；100%的学生参加社团活动，历练实践能力；100%的学生参与小课题研究，激发创新精神。从学生毕业后，70%就读于清华、北大、复旦、上海交大等高校，可见其课堂教学质量、学生综合素质之高，非同一般。引起大家的极大关注。

时间飞逝，两周的上海学习早已过去，但教育专家的谆谆教导一直在耳边回荡，上海校园的精彩瞬间仍然历历在目，情不自禁为上海的教育点"赞"。同时，也鞭策、激励自己，要怀揣教育的梦想，朝着目标，脚踏实地，从"新"开始，不断前行。

建构新电脑课堂，落实新课标精神
——广东省小学信息技术优质课展示活动的启示

深圳市龙华区龙华中心小学　古兴东

广东省小学信息技术优质课展示活动由广东省教育厅教研室组织，是广东省小学信息技术教学领域最权威的活动之一。2006年1月7日至8日，省优质课展示活动在肇庆市举行，来自全省各地近300名小学信息技术教师参加活动。听完课后，我不得不为授课老师先进的教学理念、巧妙的教学设计及高超的教学艺术而叹服，同时更钦佩他们对新课程理念的精准把握。那生动而又扎实的课堂让我真真切切地感受到了课改为我们带来的新鲜空气，引发了我对新课程改革的许多遐想和思考。

一、重视三维目标的实现

"新课标、新理念"是遵循"以学生发展为本"的素质教育理念，所确立的知识与技能、过程与方法、情感态度与价值观的三维教学目标，是彼此渗透和相互融合的，三者有机地统一于学生的整个成长与发展过程之中。这要求教师在课堂教学活动中，应根据具体的教学情境，将三维目标有机地整合起来，以达到提高学生综合素质的目的。

例如，珠海市莫雪芬老师主讲的《设计感恩卡》，主要是用PowerPoint进行创作设计。老师紧扣"感恩"这一主题，让学生把自己最想说的话写出来，通过运用所掌握的电脑知识进行创意设计。课堂上，学生以电脑技术操作为手段，努力设计表达自己真情实感的"感恩卡"。学生在学习掌握信息技术手段的同时，自然地受到"学会感恩"的思想教育。情感态度与价值观渗透在学习过程与方法的运用中，渗透在知识的掌握中，体现在师生的交流中，体现在师生合作中。在教会学生知识的同时渗透情感教育，感染了每一个学生，也深深地感染了每一位听课的老师。

二、注意与各学科的整合

信息技术与学科整合是通过在各学科教学中有效地学习和使用信息技术，促进教学内容呈现方式、学生学习方式、教师教学方式和师生互动方式的变革，为学生的多样化学习创造环境，使信息技术真正成为学生认知、探究和解决问题的工具，培养学生的信息素养及利用信息技术自主探究、解决问题的能力，提高学生学习的层次和效率。例如，南海区徐锦华老师主讲的《制作比赛器材》一课，主要内容是教会学生用画图软件进行画图。在这一节课中，通过运用椭圆、矩形等工具，组成一些体育比赛器材，再填上色彩，有机地把美术的色彩、数学的几何图形和体育知识整合在一起，使学生在信息技术课中，也可以感受到色彩的斑斓、几何的趣味和向上的体育精神。

三、让课堂充满欢乐

教育学家夸美纽斯说过："教学是一种教起来使人感到愉快的艺术，让学生在玩中学、在学中玩。"顺德区陈平老师执教的《漫游声音王国》充分体现了这一点。这一节课的教学内容是录音机的使用。老师先教会学生使用录音机，然后让学生使用录音机录歌。学生和着优美的音乐节奏，唱着自己喜欢的歌。录制完成后，马上播放，同学之间互相欣赏，在欣赏与被欣赏的过程中，让学生体验了成功的快乐，整个课堂充满了歌声，充满了欢笑。学生在玩中学、在学中玩，使本来枯燥无味的电脑知识课，变得那样的丰富多彩、引人入胜。

四、积极实施教学评价

《基础教育课程改革纲要》明确提出："建立促进教师不断提高的评价体系。"强调教师对自己教学行为的分析与反思，从而不断提高教学水平。教学过程应该包含"设计—实施—评价"三个阶段。教学评价是对教学设计和教学实施的事实认定及价值评判，因此，教学评价是教学工作不可缺少的环节之一。同时，教学评价在一定意义上还是对教学设计和教学实施的总结和提升，从这个意义上讲，教学评价是教学工作的最高形态。

中山的李宇韬教师主讲的《放飞梦想，与神六齐飞》一课中，采用了网页的形式，让学生对自己这一课的教学效果进行评价，老师可以及时反馈，从而有利于教学工作的总结和提升。此外，还有些优质课采用了学生自评、学生互评、小组评等多种形式的教学评价，有效地促进了教学。

五、开展研究性教学模式

研究性教学强调教学内容的呈现方式要面向过程，将学科概念等产生的起因和研究过程展示给学生，并引导学生的思维，激发学生自主学习和探究的动机。研究性学习是基于人类对学习活动的不断认识，逐步形成的一种现代学习观，强调学习者的主动探究和亲身体验，以及基于真实任务的研究问题的解决。对于课程教学来说，则是学生在教师指导下，选择与课程内容相关的专题进行研究，并在此过程中主动获取知识、应用知识、解决问题的学习活动。

汕头林铮峰老师主讲的《学会使用鼠标》就是基于此种模式的。开始先提问如何操作鼠标，引起学生的思考。然后整节课程以找福娃为主线，引导学生积极尝试、探索，老师从旁指点，学生在探索中慢慢掌握了鼠标的双击、右键单击、拖动等操作方法，比传统的老师教授的方法教学效果更明显，学生的学习兴趣也更浓。

構建開放、充滿生機的新的電腦課堂是本次活動的一個顯著特點。在每個充滿歡聲笑語的課堂中，新課標精神得以進一步落實。

如何在信息技术作业设计中体现学生计算思维的培养

——小学信息技术课程作业如何布置

深圳市龙华区龙华中心小学　王 欣

一、什么是计算思维

2006年，美国卡内基·梅隆大学的周以真（Jeannette M.Wing）教授提出了计算思维这一概念，她认为计算思维是运用计算机科学的基础概念进行问题求解、系统设计，以及人类行为理解等涵盖计算机科学之广度的一系列思维活动。她指出：计算思维是我们每个人生存的基本技能，就像我们读书写字一样，计算思维是必须具备的思维能力。在2010年，她给出计算思维的正式定义为：计算思维就是把一个复杂的问题转变为简单的问题并且摸索出解决方案的一个思维过程，解决这种简单问题的过程是由人脑思维自动处理完成的。

二、为什么要培养学生的计算思维

作为信息技术老师，我们都深有感触，信息技术发展十分迅速，我们常说的一句话是"用过时的技术教现在的学生去面对未来的社会"。所以，计算思维这个概念的提出，让我们认识到作为老师，不要只教会学生某个软件的使用，更重要的是培养要学生用计算思维来解决实际问题的能力。

三、布置作业是一种有效培养学生计算思维的方式

作业是巩固学科知识的有效方式，也是诊断教学效果的重要依据，更是学生对自己学习情况的一种检验手段，因此作业是教学过程中非常重要的环节。通过布置作业来培养学生的计算思维，打开了学生计算思维培养的新思路，也容易获得意想不到的效果。

四、设计更适合培养计算思维的作业

1. 作业要设计得有生活趣味

作业设计得生活化，这与小学生习惯通过直观感知事物规律的认知特点是分不开的。例如，小学五年级RC编程软件的学习中，我们给学生布置的作业，有请学生想办法为动物园的北极熊降温的，也有设计智能送餐员，为大家的生活提供便利等。这些都是将生活化的例子引进来，让学生能很快融入学习中。

2. 作业要设计得有思维转换

计算思维的培养绝不是简单局限于一个生活化实例的引入，而是如何帮助学生转换成计算机思考问题的方式来解决问题。

比如，设计为动物园北极熊的房子降温一课时，作业可以设计为请学生先完成以下填空题：设计这个程序需要用到哪些传感器呢？

感知周围的温度——温度传感器；

显示环境温度 ——LED显示器；

降温温度装置 ——风扇。

设计这样一个作业环节，就是想让学生把生活中的问题转换为计算机问题，逐步培养其计算思维能力，以后在学习、生活中遇到类似的问题，都可以转换思维解决。

3. 作业要设计得有项目意识

这几年，PBL学习很受欢迎，是因为在学习过程中体现出学生主动获取知识、提出问题、利用学科思维方式解决问题的过程，同时也培养了学生的计算思维、批判性思维、决策能力等。因此，如果将作业设计得有项目意识，对学生的计算思维培养将更加有利。

这就需要把作业设计得更加整体化，不再是以单个知识点、技能点来布置作业。比如，布置《设计特色贺卡》一课的作业时，如果按照传统的作业布置方法，我们通常会请学生设计某某节日的一张贺卡，要求改变贺卡的大小、插入某张图片或插入自选图形，最后插入艺术字表达情感。

再来说说项目式的作业要如何设计。

首先给学生设置一个问题，你什么时候会想要收到贺卡，什么样的贺卡最能打动你，为什么？你可以做一张这样的贺卡吗？学生遇到这些问题时，可能就开始思考并进行讨论调查。学生先从问题出发，找到原因以后，自然就会思考解决这一问题的方法，再测试这个方法是否可行，是否真正解决了问题。当然这中间老师的引导也是必不可少的，要帮助学生梳理整个项目的流程，这也培养了学生的逻辑思维能力。

以前我们教学生"这是什么"，但有些资料孩子们网上也可以查到。所以，现在我们不仅要教孩子"这是什么"，还要教他们"这个有什么用""怎么用"。

五、关注思维过程

培养学生的计算思维，不是要把学生培养得像计算机一样机械运作，而是要培养学生严谨的逻辑思维和解决问题的能力。在人工智能时代，关注思维过程与创造性结果，运用计算思维来认识世界、改造世界，将是未来小学生计算思维培养的努力方向。

参考文献

刘向永.计算思维改变信息技术课程［J］.中国信息技术教育，2013（6）.

基于项目的学习在小学信息技术学生
社团活动中的实践研究

——以基于Scratch软件的"密室逃脱"游戏项目为例

深圳市龙华区龙华中心小学　黄丹霞

一、基于项目的学习的定义

基于项目的学习的理论基础主要有建构主义学习理论、杜威的实用主义教育理论和布鲁纳的发现学习理论。建构主义学习理论认为"情境""协作""会话""意义建构"是学习环境中的四大要素。杜威的实用主义教育理论体系"三中心论"，分别是以经验为中心，以儿童为中心，以活动为中心。布鲁纳的发现学习理论则认为"学习就是依靠发现"。

结合三大理论，我们得出基于项目的学习是学生围绕一个活动项目，在真实或者虚拟的情境中，采用发现式的学习，通过小组合作的方式不断发现问题、分析问题，进而解决问题，从而完成对知识的意义建构，并能运用到现实社会当中。

二、研究背景与意义

基于项目的学习在国外的发展已经很多年了，但是在国内的研究起步较晚，与之相关的理论研究的文章也比较多，而教学实践应用大多在课堂教学中，学生社团中的应用实践较少。现在国家提倡素质教育，但是应试教育在学校里面还是普遍存在，使得学生疲于应付各种考试，严重束缚了学生的创造力。当学校开展的学生社团走出了课堂，学生更加具有自主性，学生的创造能力也将大大地提升。而基于项目的学习与传统的教学模式有所不同，它基于项目，采用发现式学习，解放学生，让学生进行自主的深度学习。这跟开展学生社团的目的和作用是相吻合的。为实现效果的最大化，如何将基于项目的学习和学生社团活动这两者有机结合起来呢？因此，基于项目的学习在小学信息技术学生社团中的实践研究有着重要的研究意义。

三、学生社团的现状分析

学校的小学信息技术学生社团一周有三节课，一节课50分钟，有充足的时间对项目进行研究探索。学校的电脑室是学生社团开展的场所，设备齐全，有计算机、多媒体教学系统、无线Wi-Fi等，为实践研究提供了硬件基础。

本次研究的学生社团主要以六年级学生为主，他们从小学一年级就开始上信息技术课，已经学会了计算机的基本操作、英文打字、中文打字，画图软件操作，初步学习了Scratch软件的操作，有较高的信息搜索、分析、处理能力，具有一定的信息素养。六年级学生有很多奇思妙想，他们很乐于把想法付诸实践，在不断的实践中把知识内化并建构自己的知识体系。他们有强烈的表达欲望，希望能够做出作品获得成就感，相互间也会进行合作。六年级学生的这些特征为在社团中开展基于项目的学习提供了基础。

四、基于项目的学习在学生社团活动中实践的优势

基于项目的学习，它从以教师的"教"为中心，转向以学生的"学"为

中心，采用学生"做中学"的方式，不断对知识进行意义建构，大大提高学生的实践能力和创新能力。在小学信息技术学生社团中采用这种教学模式具有以下优势。

1. 基于项目的学习有利于提高学生的自主性

学生根据自己的兴趣和爱好来选择项目的内容，学生有充分的自主权。在整个活动过程中，从确定游戏故事情节、人物场景设计、关卡设计、收集资料到作品制作，从个人创作作品到小组讨论解决问题，学生都是学习的主体，教师只起到指导和协助的作用。

2. 基于项目的学习有利于促进学科融合

基于项目的学习所确立的主题不是单纯地依靠一门学科知识来解决，而是涉及多门学科知识的运用。以基于Scratch软件的"密室逃脱"游戏项目为例，学生不仅需要掌握Scratch软件操作、信息搜索处理加工，还需要创作故事、人物场景的配色、背景音乐、数学逻辑思维、关卡设置时用到的加减乘除运算等。

3. 基于项目的学习有利于培养学生解决问题的能力、小组合作能力和创新能力

学生根据教师给的项目，自己确定内容、制订计划、完成作品。在这个过程中，他们发现问题、分析问题、解决问题，逐步形成用所学知识和技能来解决问题的思维。小组之间通过讨论、探究，互帮互助合作完成作品。学生进行项目式的学习，不仅仅是学习课本上的知识和教师所授的知识，还需要根据自己的需求探索并解决问题后完成作品。在这个过程中，学生具有自主性，能让自己的想法付诸实践，提高了自身的创新能力。

五、基于项目的学习在学生社团活动中的实践研究

1. 选定项目

Scratch是一款由麻省理工学院（MIT）设计开发的少儿编程工具。其特点是使用者可以不认识英文单词，也可以不会使用键盘。构成程序的命令和参数通过积木形状的模块来实现，用鼠标拖动模块到程序编辑栏就可以了。学生通过Scratch软件可以开发出有趣、有创意的游戏。

密室逃脱是一款益智冒险类游戏，具有趣味性及挑战性，带来刺激的情景体验，可以因不同的设计思路衍生出不同的主题，从古墓科考到蛮荒探

险，从窃取密电到逃脱监笼，玩家可以在自己喜好的主题场景中扮演理想中的角色，运用细致的观察力、缜密的推理，最终在规定时间内完成任务，获取奖励。

因此，把两者相结合形成项目主题：设计基于Scratch软件的"密室逃脱"游戏。而基于Scratch软件的"密室逃脱"项目涉及多门学科知识的运用，如图1所示。

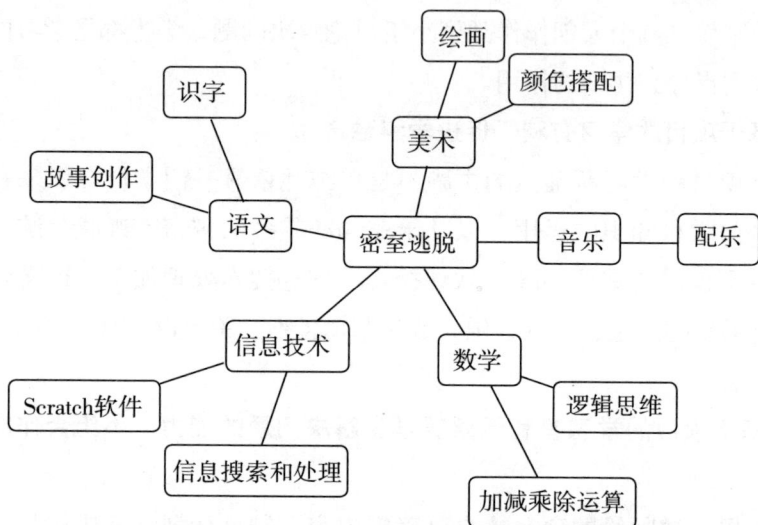

图1 基于Scratch软件的"密室逃脱"项目涉及的学科知识

2. 制订计划

（1）确定密室逃脱的故事情节。

（2）学习Scratch的基本操作。

（3）学习上网搜集资料。

（4）基于Scratch软件的"密室逃脱"游戏，其中包括程序设计、人物场景设计、关卡设计、配乐设计等。

（5）展示作品并进行交流。

3. 活动探究

学生活动：学生确定游戏故事情节；学习Scratch软件基本操作；学生进行小组分工，填写分工表；设计游戏过程遇到困难时，以小组为单位进行讨论；学生课后保存作品并上交给老师；作品完成后给其他小组学生测试游戏是否正常合理运行；最后，学生展示并评价作品。

教师活动：引导学生确定故事情节；指导学生学习Scratch软件基本操作

和上网搜索资料；开放上传平台，把学生课后上交的作品收集归类，并检查学生的进度；建立QQ群，方便师生间交流讨论；作品完成后对学生的作品进行评价。

4. 作品制作

（1）确定游戏的故事情节。

（2）确定人物场景、关卡。

（3）制作设计文档，包括游戏机制、故事框架、角色设定、关键设计、配乐等。

（4）在Scratch软件中设计作品。

（5）游戏成型后给其他组的学生测试，测试游戏是否正常合理运行，不断完善改进。

5. 反思

在学校信息技术学生社团开展基于Scratch软件的"密室逃脱"游戏项目，学生积极投入，每组学生都设计出一个密室逃脱游戏，说明基于项目的学习这种教学模式调动了学生的积极性和主动性。从学生完成的作品来看，学生选择的故事情节各有千秋，制作的动画、游戏关卡、配乐等都融入了自己的想法。碰到的问题大多也都通过组内讨论、上网搜索参照他人作品、请教老师等方式得到解决。在这个过程中，学生解决问题的能力和创新能力都有了很大的提升。

当然，在整个项目的实践中也出现了一些问题，如在整个基于项目的学习过程中，不但要看学生最后的作品，还要考察学生的团队合作能力、解决问题能力、自主学习能力等。如何把这些能力具象化，并进行评价呢？评价机制还需要进一步完善。

六、结语

古人云："授之以鱼，不如授之以渔。"教师不仅要教会学生知识，还需要教会学生发现问题、分析问题、解决问题的能力。在基于项目的学习中，小学信息技术学生社团中的学生在完成项目的过程中通过体验知识、技能获得再运用的过程，学会探究，去实现知识的建构和迁移，能够根据自己的想法创作出更有趣、更新颖的作品，提高自身的综合运用能力和信息素养，培养创新精神与实践能力。

参考文献

［1］杨兆华.浅谈信息技术教学中的项目式教学法［J］.中国教育技术装备，2012（23）.

［2］曹新跃.基于项目的学习在小学信息技术教学中的应用研究［D］.山东师范大学，2011.

［3］朱建亭.项目教学法在信息技术课堂中的应用［J］.实验教学与仪器，2016（6）.

［4］翁超群.小学信息技术课堂PBL项目式教学模式的探究与实践［J］.中小学电教，2017（07，08）.

［5］刘景福.基于项目的学习（PBL）模式研究［J］.外国教育研究，2002（11）.

第 二 章

"新"技术探求，

促进教师学科融合

教学融合

促进信息技术与学科教学融合初探

深圳市龙华区龙华中心小学　古兴东　肖友花

教育部制定的《教育信息化十年发展规划（2011—2020）》中，明确提出要探索现代信息技术与教育的全面深度融合。作为身处信息时代的教育工作者，应该注重信息技术与学科教育教学的深度融合，勇于尝试各种新媒体、新技术在教学中的创新应用。我们结合学校的实际情况，主要从微课与电子导学单的应用、信息技术与课程整合、网络综合应用平台、交互式电子白板应用等四个方面着手探索微课的制作与应用，促进信息技术与学科教学的深度融合，从而达到更新教学观念、转变教学方式、提高教学效率的目的。

一、以微课与导学单的应用为核心，尝试翻转课堂

为推动信息技术与教育教学活动的深度融合，探索网络环境下的教学新方式、新途径。我们首先从微课、电子导学单的制作着手，组织各学科骨干老师以微课、电子导学单的制作与应用为核心，进行翻转课堂实践，转变教育教学方式。

先后组织各学科骨干教师参加全国翻转课堂实验班教学实践指导专场、全国数字校园专题、深圳市微课专题、深圳市电子导学单应用等培训，分别聆听了黎加厚、柯超清、焦建利、胡小勇、胡铁生等国内知名专家的讲座，提高了理论与制作水平。

近年来多次组织开展各学科校本微课全员专题培训，宣传、推广微课制作与应用，此外还赴帮扶学校龙岗宝岗小学举行微课讲座。2013年至今，各学科老师共制作100多节微课，30多节电子导学单，形成微课专题学习网站。鼓励学生课间通过平板学习电脑、互动式点读机或在家中通过电脑登录学校网站

学习平台自学微课视频，促进学生自主学习。

2013年至今，在全国多媒体大奖赛、全国信息技术创新与实践、深圳市微课大赛等比赛中共有60多节微课、电子导学单获奖。2014年，开展龙华新区立项课题《小学微课的制作与应用》研究；利用微课及平板电脑设计、网站尝试翻转课堂实践，录制教学课例连续两届获全国交互课堂学科教学大赛一等奖。

二、以信息技术与课程整合为契机，促进信息应用

信息技术是提高课堂效率的有效手段，学校注重在各学科中普及推广信息技术应用，以信息技术与课程整合为契机，促进信息技术与各学科教育教学的深度融合。

早在2003年，就通过承办"全国第二届中小学信息技术与课程整合研讨会"，举行信息技术与学科整合公开课，促进信息技术在学科教学中的应用，受到与会的省教研室领导及200多名全国各地专家的好评。2013年，在深圳会展中心举行的首届全国教育信息化成果展中，英语整合课例现场直播展示，受到全国与会专家的极大关注，引起共鸣。

近年来先后组织各学科骨干教师设计信息技术与学科整合课例赴全国各地参加全国信息技术创新与实践活动、深圳市中小学网络电视优质课例视频评审、宝安区新媒体新技术应用课例评比等活动，发挥以赛代练、以赛促用的效果。

整合课例共获40多个奖项，其中在全国信息技术创新与实践活动中共获2个恩欧希发明创新奖、6个一等奖。2012年，有13节课例荣获深圳市"优质课例视频质量奖"，获奖数量位居全市第二。

三、以网络综合平台应用为依托，开展课题研究

网络平台是提高教学效率、促进均衡发展的有效手段，由信息技术骨干教师自主开发、设计学校网站（http://www.szlhzxxx.com）、教师和班级博客系统、作业发布系统、代课请假等系统，涉及十多个栏目。此外，还设立了微课专题学习网站、红领巾数字图书馆等教学资料供学生自主学习。截止到目前，点击率达77万次。最近又引入了学生综合素养评价系统，更进一步促进学生全面发展。

为促进网站建设、提升教师专业发展，连续多年组织校园网站建设与应用评比活动，使之成为深受师生欢迎的传统活动；同时，鼓励学生利用网站平台，自主学习微课视频。除了开发设计、建设应用学校网站，还积极组织各学科骨干教师学习、应用"习网"一站式教学平台，开展网络教研活动。目前，正组织各学科骨干老师利用Moodle网络教学平台发布课程，作为学生自主学习的内容，转变学生的学习方式。

利用网络平台，先后组织、参与《网络环境下的"时、分、秒"》《基于远程互动平台的学科教学模式研究》等6个课题的研究。其中《手持式网络学习系统小学英语口语、听力教学模式研究》被中央教科所评为2010年全国课题成果一等奖。2012年、2014年，学校网站两次被评为"深圳市五星级网站"。

四、以交互式电子白板应用为纽带，提高课堂效率

交互式电子白板是一种先进的教育或会议辅助人机交互设备，它可以配合投影机、电脑等工具，实现无尘书写、随意书写、远程交流等功能。改变了以往粉笔+黑板的教学环境，它集生动逼真的动画图像、清晰的文字注解和优美的声音于一体，极大地吸引了学生的学习兴趣，方便了教师教学，促进了学校管理。

因此，学校所有教学班级及主要功能室均安装了交互式电子白板、短焦投影机等设备。组织公司技术人员到校开展全员培训，并选送骨干老师参加上级组织的电子白板骨干老师培训，提升了老师的应用水平。目前，交互式电子白板技术在教育教学领域应用得越来越广泛，并且不断发展、不断创新，对提高教学质量起到了巨大的作用。

开展《交互式电子白板在小学教学中的应用研究》课题的应用研究。近年来精心设计电子白板应用录像课例，共获30多个奖项。其中，在全国互动课堂大赛中有4节课例获一等奖，两次应邀分别赴沈阳、青岛全国大赛上做说课展示。

总之，通过从微课与电子导学单的应用、信息技术与课程整合、网络综合应用平台、交互式电子白板应用等四个方面着手，达到了转变教育教学方式、提升教育信息化水平、促进信息技术与学科教学深度融合的目的，让信息技术为教育教学的发展插上了飞翔的翅膀。

信息化为教学工作插上飞翔的翅膀

深圳市龙华区龙华中心小学 古兴东

一、夯实基础促变革——雏鹰展翅

龙华中心小学的生源大部分为户籍儿童，家庭环境相对不差，但对子女的教育不够重视，合作意识和教育观念相对落后，造成教育合力不足，学生基础较弱。

如何促进学校的跨越式、可持续发展，成为学校教学工作重点探索的问题。学校与时俱进，提出以教育信息化建设为突破口，通过教育信息化带动教育现代化，促进信息技术与学科教学的深度融合，全面推进教学工作，提升教学质量，真正迈上内涵式发展道路，实现跨越式发展。

经过几年的发展，学校规模不断壮大，现有54个常规教学班，1个爱心班；在校学生总人数3056人，教职工202人，其中教师186人。教师中硕士研究生11人，占6%；本科生158人，占85%。高级职称教师15人，占8%；一级教师65人，占35%。

学校在不断发展壮大的同时，也形成了雄厚的师资力量，拥有一批区、市级名师、省劳动模范和南粤优秀教师、全国优秀教师等名师。名师数量居全区前列。

二、与时俱进创新风——如虎添翼

1. 智慧教学，提升质量

教学是所有学校工作的重点、核心。积极探索应用深圳教育云教学互动平台、"作业通"APP、"电子书包"项目、互动一体机应用、班级优化大师等信息技术，实现智慧教学，扎实提升教学质量。

深圳教育云教学互动平台拥有丰富的课程资源，可以实现点读、自动推送、翻翻卡等互动功能。"作业通"APP，方便学生在家进行朗诵录音、作业拍照传到网络平台，学生可以互相欣赏、学习，并为好的作品点赞，老师也可进行网络批改，方便家校沟通。由语文、数学、英语、科学、信息等学科老师组成的实验团队，每周五定期举行使用教育云教学应用的展示、交流活动，极大地促进了教育云教学互动平台的应用。2017年6月20日，进行的全市教学展示活动受到省教育信息中心、市教科院、市教育信息技术中心等专家的好评。

"电子书包"项目，可以方便学生在网络环境下，利用手中的教学平板电脑进行自主、个性化学习，老师也能及时推送、实时反馈。此外，教师灵活使用全校安装的互动一体机及班级优化大师软件，实现常态化教学，有效提高了课堂质量。

2. 智能管理，提高效率

教学工作烦琐复杂，包括代课、设备、请假等各类管理工作。为提高管理效率，引入课室智能管控系统、微信请假、代课、报账系统、门禁系统等。

智能管控系统，实现对课室的一体机、展示台、投影机、投影幕等电教平台的监控、管理，如监督是否正常运行、远程开机，同时支持直播。比如，最近10月20日在电教室进行的《向校园欺凌说NO》，就通过平台直播，让各班统一收看，进行学习。如遇到台风天气等，教室设备支持远程统一关机，节省能耗，也更方便安全。

开发的微信请假、代课、报修系统，实现无纸化、智能化管理。老师直接通过手机或电脑请假、代课，自动转到对应负责人，负责人审核后，再反馈给申请人。此外，还建设了功能室门禁系统、考勤签到系统、自动排课软件等。

3. 翻转课堂，转变方式

为转变教师的教学方式和学生的学习方式，探索利用微课、电子导学单，基于网络环境下，进行翻转课堂，并开展各级相关课题研究。

翻转课堂提倡先学后教，以学定教。老师课前将知识点制作成微课，放于网络平台，学生在家中根据电子导学单，自主观看微课。课堂中老师组织学生讨论、交流。这种形式，极大地激发了学生的学习主动性，也使课堂的教学、交流、研讨更高效。为促进翻转课堂，学校也建设了完善的有线网络系统，实现全校无线覆盖，并建有微格（录播）室、电视台、未来教室等场所，还有2套移动录播平台等支持老师自己制作微课、设计电子导学单。2015年至今，多次在区组织翻转课堂研讨，受到老师及学生的欢迎；2017年，省级立项课题也顺利结题。

4. 创新培训，促进发展

学校将教师培训活动与信息提升工程紧密结合。从内容、形式等方面进行创新，在提升教师培训积极性的同时，也使老师从培训中真正受益。

培训内容创新。从教师实际需要出发，老师需要什么就组织什么培训。例如，针对当前比较热门、教师相对也兴趣比较浓厚的微课、电子导学单、翻转课堂等进行培训。教师对各类培训的内容，可以自由选择。而且根据学科特点，组织语、数、英、综合四大专题，使培训内容更有针对性。

培训形式创新。根据不同的培训内容，培训形式也灵活多样，既邀请华南师范大学讲解"翻转课堂"理论，又请公司技术员实际讲解互动一体机应用；既邀请信息科骨干老师现场制作微课，又请学科老师示范应用班级优化大师；既有展示课、说课，又有操作演示、技术示范等。

三、展望未来谋发展——展翅高飞

通过教育信息化的建设，有效促进了信息技术与学科教学的深度融合，近几年也取得了丰硕的成果。

在刚刚结束的全国小学信息技术与教学融合优质课比赛中，学校精心挑选的语文、数学、英语等学科4位老师喜获一等奖。最近，连续4年参加全国互动课堂比赛荣获一等奖。2016年，市教学技能大赛语文、信息2个学科均获一等奖第1名。《自能作文》《信息技术》2个校本课程获市好课程，市创客节学生喜获佳绩，吴以环副市长给我校获奖学生颁奖。2017年，全国校园NO.1获4项桂冠，区教学技能比赛英语科获第1名，区现场作文比赛获6个特等奖。

学校也先后被评为省现代教育技术实验学校、市智慧校园示范学校、市最佳变革力学校、市教育云试点学校、区教育信息化特色学校。

我们也发现，随着学校规模的不断扩大、新教师人数的持续增加，还需要不断加强教学、教研工作，以促进教师的专业成长，从而促进学校的可持续发展。

未来我校将"争当有使命感的互联网+教学领跑者"，让信息化为教学工作插上飞翔的翅膀。通过深入探索教育信息化建设，实现以教育信息化带动教育现代化的目标，从而促进学校跨越式、内涵式、可持续发展。

以校园影视为载体　促进教育教学工作

深圳市龙华区龙华中心小学　古兴东

国家中长期教育改革和发展规划纲要明确提出："信息技术对教育发展具有革命性影响，必须予以高度重视。"龙华中心小学积极尝试运用信息技术手段，创作优质校园影视节目，全面促进学校教育教学工作的发展。

学校早在2003年便成立了蓓蕾电视台，聘请专业校园影视节目制作人才，建立小主持人、小摄影师社团，进行专门培训，定期制作各类校园影视节目。随着学校的发展、壮大，校园电视台也不断改造、升级，目前建立了一个能容纳300人的演播厅、一个专门演播室及两个生活化场景，拥有双拼宽屏电影幕、宽屏影视墙，此外还有一套"索贝"录播系统、一套Iclass自动追踪录课系统，拥有完善的视频直播系统等。通过搭建软、硬件校园影视创作平台，为学校教育教学工作的发展，发挥越来越重要的作用。

一、搭建实践展示舞台，提升学生综合素质

1. 建立社团——实践的平台，展示的舞台

建立小主持人、小摄影师社团，培养学生综合素质。为保证挑选到高素质的学生进入校园电视台，开学初便发布"招聘广告"，鼓励学生根据兴趣爱好自愿报名参加"海选"。学校组织专业老师根据电视台的实际发展需要，对报名学生进行全面考核。其中，节目小主持人考核内容包括自我介绍、记忆比拼、才艺展示、策划模拟主持；DV小摄影师考核内容包括自我介绍、技巧比拼、作品展示、实际操作。

为提高小主持人、小摄影师的水平，要求其做到"四定"，即定时、定点、定人、定内容。定时指固定培训时间，每周一次；定点指确定培训地点，根据需要分别在电视台、演播厅、电脑室等培训；定人指固定指导老师及学生；定内容指确定培训的内容，要求老师提前准备PPT将重要内容进行讲解。

积极组织小主持人、小摄影师参加学校各类活动，如读书"跳蚤"市场、信息科技节等。鼓励社团成员轮流担任小主持人、小摄影师，通过实践锻炼，提升综合素质。

2. 小摄影师——自编自导自演自拍

穿着橙色"蓓蕾电视台"团服的小DV摄影师，经常出现在学校各类活动中，成为一道靓丽的风景线。大家既有分工又有合作，有时协助老师录制视频，有时自己拍摄DV，有时利用课余时间自己创作作品。先后有多部作品在全国校园影视节、全国信息技术创新与实践活动DV创作、深圳网络夏令营微电影等比赛中获奖。

2012年，由学生自编自导自演自拍的《生日快乐》微电影获深圳市二等奖。2013年，有4名同学在徐州举行的全国信息技术创新与实践活动中获DV创作二等奖。在历届中国校园电视节目评选中，共获2金、13银、6铜。2013年，在无锡举行的颁奖仪式上，刘会财老师应邀上台领奖，校园电视台也荣获"全国百佳校园电视台"称号。

3. 小主持人——小荷才露尖尖角

经过专业老师的系统培训，通过校园蓓蕾电视台的实践锻炼，小主持人的能力得到极大的提高，在各级各类评比活动中崭露头角，屡获佳绩。2012年，学校学生获深圳都市频道"少儿主持人大赛"十强小主播，并获"最淡定小主播"称号，成为都市频道编外的签约小主播；2013年，2名同学在全国校园影视节优秀主持人评选中获银奖。4名同学在深圳市童话节"个人朗诵大赛暨小主持人选拔大赛总决赛"中获得3金1银。

二、制作优质视频资源，助力教师专业发展

1. 优质课例——资源共建共享

课堂作为教学主阵地，课堂教学资源的共建共享具有举足轻重的作用。在教育信息化的发展过程中，学校积极探索信息化教学手段，促进优质教学资源共建共享，从而提升教师的教育教学水平。精心录制各类展示课、研讨课、观摩课，作为一种优质教学资源，以供教师互相欣赏、总结、提升，从而达到优质资源的共建共享。

为解决制约优质教学资源库建设的瓶颈——录制课例人员不足问题，通过探索尝试建立2支录制队伍，一支是由信息科老师组成的专业录制队伍，主要负责大型的、全校性的公开课录制；另一支是由各学科骨干老师组成的非专业录制队伍，负责各学科日常组织各类展示课录制。录制工作由信息科负责指导，各学科摄像成员操作录像机录制，录制完成后再由信息科进行采集、编辑

和输出到视频学习机中。通过这种方式，有效解决了信息科人员不足的问题，同时又可以录制大量的优质资源。

多年来，录制骨干老师优秀课堂视频资源作为优质校本资源供全校老师共同学习欣赏，促进学校教学工作。先后有课例获国家级奖 9 节，省级奖2节，市级奖17节，区级奖11节，还有37节课例在市电教馆站、区教育局网站在线展示。

其中，2012年，在深圳市优秀网络视频资源评比中，学校有13节优质课例获深圳市优质课例视频"质量奖"，是全市课例获奖数量排名第二的学校。2013年，学校教学课例获全国校园影视节教学类金奖，获全国交互式电子白板学科教学大赛一等奖，获奖教师作为深圳市唯一代表应邀赴沈阳进行说课展示。2014年，课例获全国互动课堂一等奖。

2. 微课视频——转变教学方式

微课是指按照新课程标准及教学实践要求，以视频为主要载体，记录教师在课堂内外教育教学过程中围绕某个知识点或教学环节而开展的精彩教与学的全过程。微课具有十分广阔的教育应用前景，微课革新传统的教学与教研方式，突破教师传统的听评课模式。特别是随着手持移动数码产品和无线网络的普及，基于微课的移动学习、远程学习、在线学习、泛在学习将会越来越普及，成为一种新型的教学模式和学习方式，更是一种可以让学生进行自主学习、探究性学习的平台。

学校高度重视新媒体新技术的应用，将微课作为转变教育教学方式的重要手段，以深圳市2013年首届微课大赛为契机，组织各学科老师积极制作微课。最终有19位老师制作了37节微课，其中有11节微课分获市一、二、三等奖。2014年，微课应用课例获全国互动课例大赛一等奖。在山东举行的全国信息技术创新与实践活动中，分获教学实践评优、微课评优二等奖。

三、创作校园影视节目，促进学校教学工作

1. 传播校园文化——释放正能量

校园影视是校园文化的主体，也是校园文化的窗口和校园文化软实力的要素。校园影视作为师生生活的一部分，提高校园影视文化内涵与文化品质是校园文化发展的基本内容与要求。

根据实际需要，制作各类宣传视频，扩大影响力，释放正能量。其中，

在每年举办一届的形式多样的信息节中，拍摄制作《信息节宣传DV》作为启动仪式，成为校园的一大特色。2013年制作的"龙华新区节能宣传周校园绿色行动"宣传片受到与会领导、师生的好评。此外，每个月固定制作一期校园新闻节目，成为深受孩子们欢迎的节目，目前已经累计制作十多期各类新闻节目。

2. 参与课题研究——硕果累累

学校老师获聘为区首批"明师工作坊"主持人，开展"电子白板的应用研究"，精心设计、录制各学科电子白板应用课例。此外，将课例资源开发为网络教学资源，担任网络助学导师，促进教学，取得了一系列优异成绩，2013年至今，连续二年录制课例参加全国交互式电子白板大赛均获一等奖。目前，开展《小学微课的制作及应用研究》课题研究，制作的微课获市一等奖。

刘会财老师主持《龙华新区校园电视台现状调查研究》课题研究。组织教师自编自导自演，录制MTV、拍摄微电影。2013年，信息科老师负责组织，由8位青春靓丽的教师共同参演、创作的《我相信》MTV节目荣获全国校园影视节目文艺类金奖。此外，制作的多部微电影、MTV作品分获全国、深圳市各类奖项。

学校持续探索、逐渐深化，以校园影视为载体，提升学生的综合素质，助力教师的专业发展，促进学校的教学工作。近年来，先后被评为全国信息技术创新与实践先进单位、全国百佳校园电视台，荣获广东省现代教育技术实验学校、深圳市教育云首期应用试点学校、深圳市智慧校园首批试点学校、深圳市优质数字教学资源共建单位等称号。

未来学校将坚持以"教育信息化提升教育现代化"为总体理念，深化教育改革，创新课堂新媒体新技术应用教学模式，让校园影视为学校的发展插上飞翔的翅膀。

信息技术新媒体"iPad创新课堂"有效融合学科教学

深圳市龙华区龙华中英文实验学校　刘翔飞

为推进新技术在学习中的应用，促进学生信息素养、创新素养的提升，学校自2012年9月，开始进行iPad进入课堂的探索研究。结合深圳市教育局

2014年7月出台的《关于进一步提升中小学生综合素养的指导意见》的文件精神"推进课堂教学模式多样化，提倡基于动手探究的教学模式，进一步探索通过自由、合作、探究的学习方式，让学生变为探究活动的参与者，最大限度地培养了学生的独立性和自主性"，开展"iPad创新课堂"研究的意义如下：

利用iPad提高课堂训练的密度与学生学习兴趣，给课堂以大信息量、快节奏的学习、反馈及评价。利用iPad帮助学生提高思维能力和理解能力，关注学生的思维及学习过程，培养学生学习的主动性及实操性，从而达到最佳的教学效果。利用iPad投屏的便捷性演示及呈现的速度，节约课堂时间，有效融合，通过提高课堂的教学效率体现高效课堂。

一、技术与应用环境分析

互联网技术的快速发展及移动终端设备的更新，使得移动学习作为新的学习形态已走进大众的视野，并进入学校的课堂教学中。先后有大学院校和相关教育软件公司参与到移动终端教学的研究和开发中来，在一线城市应用比例增加；在深圳及其他一线城市，有一些学校正在探索iPad在教学中的应用。近年来提出的智慧校园、未来课堂等都离开不开移动终端的应用。

在各学科的教学应用中，也都与信息技术的发展联系在一起，iPad移动终端设备进入一线课堂的应用，得到相关教育技术领域专家们的认同。调查中，中小学使用移动教学，在家校互动方面有着积极的作用；在学生发展方面，有利于提高学生的兴趣，培养学生的信息素养和自学能力；在内容方面，有利于资源的共享及快速更新。

在社会及家长层面也有质疑和反对使用iPad教学的声音。例如，iPad课堂应用的监管及家庭应用的监管等问题；如何利用iPad在个性化学习与课本教学任务进度的矛盾；iPad的购买、保管、培训应用等。

在课堂应用中，iPad课堂的效果怎么样？以我校几年来对iPad教学应用经验，在实际操作中遇到的困难和课堂有效融合以及在部分课堂的高效环节做出交流和建议。

二、"iPad创新课堂"研究进程

1. 实验尝试阶段

2012年9月到2013年7月，对iPad应用进行实验性尝试。对硬件设备的测试应用，搭建Wi-Fi环境、iPad的管理，学生学习成长记录、作业展示、拓展性的云学习等。

2. 教研推进阶段

2013年9月到2014年7月，选择少量班级在几个学科进行iPad教学的应用，初级定位是iPad辅助课堂教学，探索性地把iPad辅助教学融入课堂教学。实践中狠抓老师们的iPad基本操作及应用能力，通过培训、教研活动、听课探讨、针对指导等方式来推进。

3. 推广应用阶段

2014年9月开始到现在，在实验部所有班级进行iPad辅助高效教学应用，并进一步探究创新课堂与有效教学融合的应用。

三、推进"iPad创新课堂"的主要措施

1. 技术支持

在开学初开展技术服务周，制定iPad使用的规定和要求，进行班级跟踪指导。配置MAC电脑，升级学校宽带，配置班级和配备完善音乐室、美术室等功能室的Wi-Fi及iPad投屏设备（Apple TV）或投屏软件（ITools免费软件、Air Server收费软件）。支持班级课堂及iPad音乐课和iPad美术课的开展。例如，iPad应用满足Wi-Fi容量，考虑经费及市面上家用路由器和AP的容量都是10人，而学校实验班的人数为30人，再考虑到科任教师，故选择了50用户路由器作为Wi-Fi环境搭建，在端口上控制各班级iPad的绑定不与其他班级串频和IP冲突，有效地解决本班iPad的有效应用。

首先，给iPad实验班级统一注册Apple ID号，为各班级按需求进行充值购买指定软件，解决相关收费软件的应用问题。其次，组织培训、督促班主任及科任教师协同给本班学生安装iPad教学应用软件，组织检查老师、学生的iPad软件安装情况，督促老师熟练使用iPad工具软件及应用程序。最后，要求学生购买使用电容笔，用于写字和绘画体现笔感，增强真实写字绘画的体验性。

2. 专业培训

给老师们做iPad基础应用培训；在Apple官方购买专业的课程定制服务，组织相关老师参加专业培训和学习。督促老师、学生熟练操作及使用常用设置操作和教学App；安排iPad教学公开课，录制iPad示范课供其他新老师学习交流。

随堂听课，深入课堂发现问题进行现场技术指导，提高iPad辅助教学的质量和课堂创新。在推广应用中发现问题，针对低年段学生、老师小范围单独培训，随堂进班发现问题，即进行一对一指导。为iPad基本操作、教学应用编写详细的操作手册和规范，录制iPad应用操作视频教程。组织相关老师前往其他应用较好的学校云观摩学习云课堂展示，感受兄弟学校对iPad的教学应用，结合自身进行创新应用。

3. 主题教研

分年段、分学科定小课题进行教研，如语文课堂拓展练习应用、课外阅读；数学口算训练、课堂练习、检测和思维训练；英语iPad阅读、趣味配音和课堂作业；美术iPad绘画；音乐iPad乐器；iBooks Suthor软件课件整合应用等，收集和提炼iPad教学应用的问题发现切入点及融合方向。

学期初教研会制订iPad教学推广计划和家长须知、分阶段分课题教研；确定各小课题及负责人。例如，各学科的应用，语文课课练朗诵版课堂拓展应用；APP萌点学院应用和低年级段思维课的推广；Keynote课件在课堂上的应用；心算口算和数学口算正式版的课堂练习应用；语文课外阅读的教研；初中题库资源的应用；iPad英语阅读、iPad周末家庭阅读、iPad趣味配音等的研究；iBooks融入课堂的教研；美术绘画箱的美术课堂教学应用；iPad乐器的音乐课堂教学及iPad电子乐队的社团。阶段性iPad教学教研小结会，发现问题，明确课题和职责分工。各学科分小组进行教研会探讨iPad的教学应用，收集和提炼iPad教学应用的问题。通过听iPad教研小组成员iPad公开课/实验班iPad教学课和随堂常规课来发掘iPad课堂的融合方向和切入点。

4. 开展活动

面向家长开放展示课，开学初面对新生家长进行iPad教学应用展示课开放活动，并将编制iPad应用的相关规定须知发给家长，要求家长协同管理好iPad的应用。同时，利用多屏投影新技术软件进行展示，并对家长们进行iPad设置、ID注册、App购买下载等的技术培训，取得家长和社会的认同，消除对

iPad教学的偏见。

组织学生去苹果店参加Field Trip课外活动，参加iMovie电影创作、Keynote演示文稿设计、GarageBand音乐创作，并了解iPad里十多种乐器的应用等课外兴趣体验，而且每次活动都让学生们分小组创作完成相应的作品并展示。对所有班级的学生进行强化iPad双手输入打字的习惯和速度训练，提高作业录入文字的速度。开设iPad乐器和iPad美术绘画社团课，并进行相关成果活动展示。举行教师iPad教学应用比赛及学生iPad绘画比赛。加强iPad微博、微信和家长的互动推广。从学科、教研活动、技术支持等方面组建iPad教研小组并进行跟踪。

四、"iPad创新课堂"研究实践应用

从刚开始逼着老师们学，到现在老师们追着学，观念也有了进步性的转变，逐渐挖掘和创新教学模式。"iPad创新课堂"的iPad如何用？iPad作为一种移动学习设备，对比传统的PPT式课堂教学，具有互动性和可操作性强、获取资源方便等特点。结合电子教学对比的利和弊，将iPad应用定义为课堂辅助教学，只应用于课堂的高效环节，与课堂教学有效融合应用，而非全堂课都抱着iPad不放，这样对孩子们的视力也有影响。通过几年来的教学应用推广和探索，形成了初步的iPad辅助各学科教学的方法和模式。

1. iPad自带功能性的应用

iPad特有Airplay无线同步投影功能，可以将iPad的屏幕和音视频通过Apple TV或投屏软件，实时无线投影到大屏幕和音箱，作为Apple自家的硬件产品，点对点传输对多媒体流数据处理快，自带HDMI接口，如果对接传统设备就要通过HDMI to VGA转换设备来实现；另外，可以将投屏软件安装到教师用主机电脑上实现Wi-Fi投影，可以是MAC和Windows的，软件有iTools和Air Server，iTools是一款国产中文版免费软件，使用方便，但对于Apple软件的更新有延迟，影响课堂应用。Air Server是一款美国的投屏收费英文版软件，费用在11.9美元到19.9美元之间，用Google浏览器在线购买，而且需要万事达的信用卡才能付款，但是它能同时投屏16个iPad屏幕镜像，前两种只能同时投屏一个iPad屏幕镜像。

摄像头照相和屏幕照相功能。iPad的照相功能为教师和学生带来新的体验，老师可以用iPad对学生的学习和练习情况实时拍照，进行展示和讲解，学

生可以快速将自己的手写练习拍照共享投屏展示，免去了让学生或老师拿到展台去调试展示的环节，提高了课堂效率；学生在查找对自己有用的学习资料的时候可以使用屏幕照相功能；还有，在学习APP练习的时候对不懂的都可以进行截屏共享、互动和发给老师解答。

ID号下载和软件安装限制功能，iPad自带APP软件下载安装权限管理功能，通过管理加密学生只能对现有APP进行使用，不能任意下载安装其他与教学无关的APP，杜绝学生玩iPad。

屏幕色彩管理功能，iPad可以将屏幕设置成米黄的环保色，以降低蓝光对眼睛的刺激，有效保护眼睛。

2. iPad语文课堂的创新与有效融合

APP在低年级段学生的听写、识字练习方面起到了高效实用的功能，如有用的课课练APP等，学生可以根据动画来练习生字的笔画结构等，特别是词语拓展练习，不仅效率提高了，同时还能获取积分成绩来提高学生的学习兴趣。

3. iPad在数学学科的创新课堂应用

心算口算用于低年级学生课前训练快捷高效，相对传统书本练习更直观，老师也能第一时间在教师端看到学生们的练习情况；配套的课堂练习的APP，不仅有精美的画面和悦耳的背景音乐（可设置关闭），全套游戏化设计，学生可以一关一关地闯关练习，还可以计分，大部分学生都很喜欢，也乐意参与到学习中来；在思维训练中可以使用24点、数独游戏、九方格、火柴趣味谜题等对学生进行指导性的思维训练，也是游戏情景设计，从易到难一步一步地提升，把学生带入玩中学的情景学习中来。在数学课几何及立体形状等课程中，可以利用几何画板及七巧拼图APP，更直观地引导学生学习。例如，五年级数学《平面密铺》这一课，刚好可以用到平面密铺这款APP，让学生对三角形、四边形、五边形、六边形、圆形等形状进行组合，学习了解各种图形的特点，免去了传统教学中需要准备各种图形道具的麻烦，有效融合到了高效创新课堂中。

4. iPad创新课堂在英语教学中的有效融合

用iPad提高学生的英语阅读、口语等能力。学习英语和我们学习母语不同，缺乏真实语境，学习环境比较封闭，使用机会少，无法用口语进行流利的交流，因此利用目前比较流行的英语学习APP，如英语流利说、我爱记单词、懒人学英语、少儿趣配音等，实时地进行人机交互体验，领读、更正、评分一系列的功能提高了学生的阅读能力和学习兴趣。在英语课堂上利用Nearpod（国外一款免费的互动教学APP）进行英语创新课堂互动教学，也可以用于其他学科的互动教学，不过是纯英文版的，要求英语要好，服务器在国外，对网络有要求。这对教学还是很有用的，不需要平台支持，老师可以在线编辑题型，可以是通答题和抢答题，实时大屏幕显示学生的练习情况，伴着欢快的背景音乐，学生能轻松愉快地学习，提高课堂效率。

5. iPad创新课堂在美术教学中的高效融合

iPad绘画软件"Drawing Box"，在美术绘画课程中起到了高效的作用。这个软件是一款付费的软件，自带多种类型的画笔，可以自由创作，不浪费纸张还能保护环境，最关键的是它具有记录绘画过程的功能，能够生成视频让学生感受回味自己的创作过程，非常有意思。例如，在绘画一个风筝的课堂上，除了基本的绘画基础外，学生能自由地进行场景、云彩的应用，让整个画面显得更有趣和生动，让想象无处不在。同时，利用这款软件还能引导语文、英语等学科绘本创编。例如，小学四年级上册语文第31课，这是一篇关于恐龙知识的课文，在拓展环节，学生们就利用这个软件一笔画出翼龙的插画，结合在线查找相关资料展示创编绘本。还有一节英语课，讲的是动物，课堂拓展的知识是用英语表达出自己喜爱的小动物，学生就用这个绘画软件画出了自己喜欢的动物，并手写出英语的表达句，投屏到大屏幕及互动展示。

6. 利用iPad乐器在音乐课堂创新融合

利用iPad的便携性优势组建iPad电子乐队。iPad里的乐器APP有几十种，目前我们常用的教学软件有自带的GarageBand。这款软件功能十分强大，软件自身集成了电子音色、鼓、鼓手、键盘、智能吉他、弦乐、贝司、合成器等，可以满足现行的音乐教学及学生们的音乐创作，将多种音色、乐器、旋律进行合成，创作属于自己的编曲及音乐作品。还有葫芦丝、古筝、钢琴等，不需购买专业的设备就可以入门学习乐器，激发学生学习音乐的兴趣。

7. 利用iPad在课堂上实现全新的互动模式

例如，老师与学生互动、学生与学生互动、学生与学习设备互动及家长与学校（学生及课堂）互动，课前课后老师利用远程对学生进行指导，以及学生向老师请教；对课堂的教学形式、学习方式、沟通渠道、阅读方式都有着广泛的应用和多元化。课前课后家长也可以同步参与到教学中来，如课堂作文、小短文练习，同学之间现场就可以分享到QQ和微信、微博等，家长们也可以参与到课堂分享和评价中来，多元参与。

大数据的收集整理及互联网+的应用促使我们对大数据使用并依赖，在没有平台支持的时候，可以利用问卷星等网络平台对学生学习的数据进行问卷统计，高效快捷。传统的方法是发放纸质问卷，学生/家长填好后回收，组织老师/学生分类统计，既费时费力，又不科学。利用iPad教学可以对课堂、课后作业及学生们的学习情况进行有效分析。例如，某个同学在上语文课的时候举手次数少，课堂作业某道题的正确率只有10%，课后大部分同学对物理课的作业不及时提交等，通过系统数据对比，老师们就可以有针对性地给出优化和解决方案，定位准确且高效，对提高教学效率非常有用。

五、iPad教学教研中发现和存在的相关问题及解决方法

（1）部分老师的思想观念还存在问题，对信息化教学工具兴趣不高，对iPad教学的支持力度也不够，不能深入iPad的课堂教学中，认为iPad只是作为学校面子工程的一部分，还会影响和耽误相关正常课程及增加教学负担，没有将iPad教学纳入学科教研常规活动中。在iPad课程方面，部分老师会把iPad教学应用与基本教学课堂应用分开操作，以至于上iPad教学课的时候都是单独准备和安排，这完全背离了将iPad教学作为学科的一种辅助教学手段的宗旨。对这类老师要诚心和耐心地进行技术指导服务，多引导其参加iPad高效课堂的教研活动，逐渐过渡，使其最终喜欢应用。

（2）iPad创新课堂资源较少，大部分老师在做准备的时候都会花费大量时间和精力去搜集素材。要鼓励老师对相关资源进行完善和优化，积累多了后期不仅效果好，还能减轻相关工作量。

（3）课堂练习中，所有学生对文字输入的效率非常低，大部分操作都是用一根手指进行操作，体验不到笔感的应用。要求孩子们养成双手输入文字的习惯，提高效率；家长们要给孩子购买好的电容笔，用于写字或绘画增加用笔感觉，而不是用手指代替笔。

（4）在iPad应用上，很多是16G低配版，在系统和相关软件安装后，就会感觉到空间不足，建议购买32G以上的，买新不买旧。

六、结语

iPad借助Apple强大的软件平台和完善的教育APP环境，集成了软硬件，方

便移动学习的使用，不需要开发独立的平台即可上手。通过几年"iPad创新课堂"的探究，我们的课堂发生了变化，学生乐于主动参加学习活动，学生们把iPad当成学习的一种新工具，通过比赛、游戏、积分等方式打破传统、拓展学习、乐在课堂。提高了学生在学习中应用新技术和学习的主动性，促进了学生信息素养、创新素养的提升。

　　总之，只有勇于探索和实践，才能打开探究之门，走向新技术应用和未来课堂之路，为课堂创新开启变革和引领，在这条路上越走越远。

第二节 技术装备

建设"智慧校园" 助力教育教学
——深圳市龙华中心小学"智慧校园"建设的探索与实践

深圳市龙华区龙华中心小学 古兴东

龙华中心小学是一所具有70多年办学历程的区域品牌特色学校，尤其是教育信息化建设是学校一大特色。学校先后被授予"全国百佳校园电视台""省现代教育技术实验学校""深圳市首批现代教育技术实验学校""深圳市教育云项目（智慧校园）试点学校""深圳市五星级网站""龙华新区首批智慧校园建设试点学校"等称号。

学校始终坚持以"教育信息化带动教育现代化"的理念，高度重视信息技术与学科教育教学的深度融合，积极探索新媒体、新技术在教育教学中的创新应用，探索"智慧校园"建设。在龙华区，甚至深圳市信息技术教育领域有一定的影响力。

一、夯实基础 厚积薄发

1. 完善硬件设施，打造基础平台

学校设有电视台直播室、多功能电教室（演播室）、网络总控室、（电子）阅览室以及电脑室等信息化功能场所。拥有"索贝"录播系统、Iclass自动追踪录课系统、双拼宽屏电影投影、全彩LED电子显示屏、3D打印机（2台）、平板电脑（110台），四（3）班是"电子书包"实验班。39个课室均安装有交互式电子白板、短焦投影等电教平台。此外，在一（1）班、一（2）班、一（3）班安装了智能管控直播系统，校园安装了书香点读机，阅览室安装了触屏电子棋，会议室安装了iPad（2套）智能推送系统、10套Scratch编程测控板、4套电脑绘画手绘板。低年级学生以自愿为原则配置天翼电子学生

证，具有进出校门发送短信、通话、报警、查询轨迹等功能。建有完善的校园网络系统，实现全校无线网络（WiFi）覆盖，安装3条网络出口光纤，其中教育光纤20兆、联通光纤80兆、电信光纤100兆；1条12兆备用电信宽带。

2. 丰富软件资源，促进技术应用

自主开发"深圳市五星级"校园门户网站；教师、班级、科组博客系统；Moodle网络教学平台；开发作业发布、代课请假、报修等应用子系统。拥有快乐习字、Scratch魔法学堂、校本"微课"专题资源、网络时分秒等专题网络平台。建立各类视频、图片资源库，FTP服务器。利用萝卜圈虚拟机器人网络平台、习网教学平台开展教学应用。为方便师生通信，还建立了校内腾讯通、校讯通、教师微信、QQ群等多种沟通方式。购置红领巾数字图书馆，以及3DMaker打印软件、动画制作软件、心理咨询软件、卓帆考试系统、智乐园资源库等。各学科课程配置相应教学资源，如光盘、U盘等。

3. 普及教育技术，提升师生素养

先后组织教师赴全国各地参加电子白板、微课、翻转课堂、平板电脑、智慧图书馆等教育技术培训，提升教师现代教育技术能力。

2003年至今，从一年级起普及信息技术，提升学生信息素养。在2007年宝安区信息技术调研测试中，获第一名，其中11名满分的学生中我校就有7名。2015年，开发低年级《金山画王》校本课程。

2003年，成立蓓蕾校园电视台。每年举办一届"信息节"。先后开展网络中文、信息学奥赛、信息技能、动漫、网页、DV创作、节目主持等传统信息社团培训，最近又开展Scratch编程、萝卜圈虚拟机器人、3D打印等培训。

二、推广应用 促进融合

1. 以微课与导学单的应用为核心，尝试翻转课堂

近年来组织各学科老师制作近百节微课，建立专题学习网站，提倡老师在教学中应用微课，促进学生自主学习。

微课获国家级奖2个，市级奖41个。微课应用课例获国家级奖3个，市级奖1个。开展2项课题的研究。其中，2013年，有11节获奖；2014年，有17节获奖，其中一等奖4个，学校获优秀组织奖。电子导学单参加市比赛，24节获奖，其中一等奖5个。"翻转课堂"课例获全国一等奖。目前正在开展区级《小学微课的制作与应用研究》课题。

2. 以平板电脑、3D打印应用为重点，提升信息素养

2011年，开始引入50台平板电脑移动学习终端，放置于电子阅读室，并尝试开展课堂教学应用。

2014年，尝试引导学生利用平板电脑自主学习，获全国一等奖。参加全国创新与实践获二等奖。

2015年，引入"电子书包"项目，选择四（3）班作为实验班，各学科中开展利用平板电脑促进学生学习的实践，受到师生热烈欢迎。使用平板电脑的课例获全国一等奖。购置2台3D打印机，尝试开展创客教育，引导学生自主创新设计。设计了个性化创意作品，定期参加区创客比赛。

3. 以信息技术与课程整合为契机，促进学科融合

2003年，承办"全国第二届中小学信息技术与课程整合研讨会"，并举行信息技术与学科整合公开课。2012年，在深圳会展中心举行的首届全国教育信息化成果展中，英语整合课例现场直播展示。

先后组织各学科教师参加各类比赛。共获全国奖16个、市级奖22个、区级奖6个。其中，全国信息技术创新与实践活动中共获2个恩欧希发明创新奖，6个一等奖。2012年，有13节课例荣获深圳市"优质课例视频质量奖"，获奖数量位居全市第二。2014年，课例荣获深圳市"新媒体新技术应用课例评比"一等奖。

4. 以网络综合平台应用为依托，开展课题研究

自主开发、设计学校网站、教师和班级博客系统、Moodle网络教学平台、作业发布系统等系统。截止到目前点击率达77万次。

通过网络平台，先后组织、参与各类课题的研究。其中，《手持式网络学习系统小学英语口语、听力教学模式研究》被评为2010年全国课题成果一等奖。2012年、2014年，学校网站也连续二届被评为"深圳市五星级网站"。

连续多年组织校园网站建设与应用评比活动，促进应用；现正开展省级《网络环境下小学"翻转课堂"的应用研究》等课题研究。

5. 以交互式电子白板应用为纽带，提高课堂效率

2011年，开展区级立项《交互式电子白板在小学教学中的应用研究》课题。精心录制课例，近年来，共获国家级奖14个、市级奖15个、区级奖6个。其中，在2013年全国交互式电子白板学科教学大赛中，在深圳市仅有的6位获一等奖教师中，我校2位老师名列其中。2014年、2015年，课例再获全国一等奖，从而实现连续3年获全国一等奖的佳绩。

三、彰显特色 成效显著

1. 教师教育技术应用能力突出，成绩斐然

（1）课堂应用能力。多年来共举行各级公开课、示范课34节，共获50多个区级以上奖。其中，2013年，作为深圳市唯一获奖教师代表应邀赴沈阳进行说课展示。2015年，作为深圳市获奖教师代表应邀赴青岛进行说课展示。

（2）课件制作能力。先后获国家级奖6个、省级奖1个、市级奖5个、区级奖12个。其中，冼敬高老师连续2次获全国二等奖，获深圳教育局3000元现金奖励。

（3）影视创作能力。早在2003年便成立了蓓蕾电视台。在中国校园影视节目评选中，共获4金、16银。2013年，在无锡举行的颁奖仪式上刘会财老师应邀上台领奖，校园电视台也荣获"全国百佳校园电视台"称号。2014年，获优秀主持人金奖，拍摄的《军训纪实》DV获深圳市十佳纪录片，论文2篇获一等奖。

（4）教学设计能力。先后获19个市级以上奖。其中，程学莲老师2010年获省小学信息技术教学设计一等奖，科组老师教学设计多次获市一等奖。教学设计发表于《中国信息技术教育》杂志。

（5）论文撰写能力。先后有35篇信息化应用教学论文发表在各类杂志上，撰写的论文共获32个区级以上奖。

2. 学生信息技术综合素养超群，屡创辉煌

参与区级以上各类比赛，共获300多项奖，其中13次获得桂冠。

其中，2004年，在北京举行的全国二笔输入法比赛，包揽前两名。自2005年起参加全国信息技术创新与实践活动赛，共获1个大赛最高奖恩欧希信息化奖，5个一等奖，学校也被评为全国优秀组织单位。其中，网络中文蝉联全国桂冠。2007年，在"全国信息技术网络征文大赛"中，辅导学生获一等奖。

近年来，在全国中小学电脑制作活动中，共获3个省级奖、6个市级奖。其中，3次获市一等奖。参加市学生网络夏令营共获148个奖，其中有37个一等奖，在网页设计、中文打字等项目中获市第一名，4次荣获市优秀组织奖。参加宝安信息技术节共获100多个奖项，其中获5个特等奖、23个一等奖，同时获得3台笔记本电脑，成就了信息技术知识竞赛六连冠的辉煌。2015年，3名学生在市首届萝卜圈虚拟机器人大赛中以第1名、第3名、第4名的成绩均获一等奖（全市5个一等奖）。

3. 学校信息化应用特色鲜明，硕果累累

承担区信息学奥赛教师辅导教材的主编工作；担任宝安区第二届新课程新理念课堂教学大赛讲师团员；区"五段互动式"培训辩课嘉宾；开发区网络课程，并担任网络课程导师。

先后荣获"全国中小学信息技术创新与实践活动先进单位""深圳市网络夏令营学校组织奖""深圳市资源建设合作单位"等荣誉称号。信息技术科组先后在2009年、2014年两次被深圳市教科院评为"市信息技术学科示范教研组"。

由于成绩突出，受到媒体、教育部门的关注。市电教馆（2010年）、广东省电视台（2011年）、《深圳特区报》（2013年）先后到校采访师生。2014年，新区组织骨干老师到校参观学习科组建设。2015年1月，在深圳市信息技术成果交流总结大会上，作为唯一的小学代表做信息技术学科优秀教研组经验介绍；4月，东莞厚街教育信息化访问团到校参观；6月，在深圳市教育信息化重点工作推进会上，学校作为优秀组织单位上台领奖，当月18日，学校作为市电教馆"资源建设合作单位"，在授牌仪式上做资源建设经验介绍。

四、展望未来 畅谈梦想

1. 教育教学：建设体验、探究学习中心

（1）建立未来体验、探究创客中心，尝试利用新技术提升教学质量。

（2）云桌面电脑室、云桌面教师机，方便教学，提高效率。

（3）推进"电子书包"、Moodle平台应用，支持泛在学习、翻转课堂应用。

（4）建立机器人学习、体验探究室，开展机器人在课堂教学中的应用研究。

（5）智能录课教室（微格室）。

（6）机房升级改造（核心交换机、防火墙、监控软件等）。

2. 学校管理：创建智能、高效的管理系统

（1）尝试引入物联网技术，建设远程管控、直播系统，实现智能推送。

（2）建立OA办公自动化系统。

（3）购置智能识别、考勤签到系统，实现考勤、签到、借书一卡通。

（4）建立师生综合评价网络平台、电子档案系统。

3. 校园环境：打造互动、多彩校园环境

（1）教室、功能室中增添校园文化电子信息平台，实现智能推送，显示内容信息化，同时可以方便师生查阅。

（2）前门、大堂、电教室、会议室等场所实现电子产品实时远程控制，方便管理，及时更新、修改。

借用现代化技术手段　提升功能室管理效能

——功能室高效、智能管理模式探究

深圳市龙华区龙华中心小学　古兴东

随着时代的发展、社会的进步，网络技术、物联技术、大数据、云计算等现代技术正在逐步进入各行各业，发挥越来越重要的作用。当下学校教育提倡提升学生的综合素质，学校各个功能室随之不断增加，设备设施也越来越多，在方便学生学习、促进学校发展的同时，也带来了诸如设备使用、安全卫生、考勤监督、使用统计等一系列管理问题。

如何高效、智能地对功能室进行管理是摆在学校管理者、功能室负责人面前一个急需解决的难题。能否借用现代技术手段，提升管理效能呢？这是值得大家研究、探讨的问题。

我认为学校可以从以下几个方面着手，采用现代技术，提升管理效能，促进管理水平提高。

一、先进的物联技术，实现自动管控

采用先进的物联网技术，建立适合学校需求，能对各功能室设备进行远程实时监控、统一管理的系统。智能化的设备管理系统，将传感器和控制器模块通过物联网接入互联网，为校园提供高效、便捷、舒适、可管理的教学环境和智能化的服务。

实现远程控制功能室中的总电源、灯、电脑、风扇、插座的开关，LED的开关和显示内容，投影机、电子展台的开关和视频切换，空调的开关，电视机等多媒体设备的开关音量视频源等设备的使用情况进行自动追踪、管理、控制及能效统计等。管理人员无须到现场，就可以通过笔记本、平板电脑、手机等智能设备对设备进行控制，以及对环境进行感知，大大节约了管理资源，避免浪费，从而构建节能环保、安全用电、合理使用设备的智能校园。

二、现代探测设备，提高管理效率

构建智能安防管理系统。主要安装基于RFID技术的红外线探测器、烟雾探测器、喷水灭火等装置，以便第一时间报告保安、功能室管理员，让他们及时做出相应的措施，如启动警铃、喷水自动灭火等，将损失降到最低，实现防盗，防火。[①]

此外，根据光线亮度自动调节功能室的灯光，实现节能环保，同时保护学生视力。支持温湿度、光感、二氧化碳、气压等教室环境数据实时采集，系统可根据设定范围进行异常报警，如二氧化碳浓度超标时自动启动新风系统或推开窗户，也可通过教室LED显示屏实时显示。功能室环境数据自动上传到网络平台。

三、互动高效网络，促进信息沟通

运用网络平台，强化公开、宣传和沟通功能，使网站越来越成为对外公开、宣传服务的重要窗口，以及与社会大众沟通的重要渠道。主要提供考勤统计表、学生训练视频等资料的查询，以及相关信息的综合引用和链接等服务。

建立高效、有序的运行和维护制度与机制，网站设专人负责日常维护和更新，宣传内容有专人负责采编、上传、审核，同时建立考核奖励机制，确保有序运行。

四、办公OA技术，构建快捷环境

办公自动化（简称OA）是将现代化办公设备和计算机网络功能结合起

---

① 王光辉、谢慧婷.基于RFID技术的智能化高校实验室管理系统研究［D］.南京邮电大学，2012.

来，搭建内部信息交换平台。通过办公自动化系统，建立一体化、自动化的工作流程。对功能室使用申请、功能室物品使用申请、图书管理等流程化工作，通过办公自动化系统，实现自动化辅助办公，这样相关人员就能有效地获得相关信息，以便及时做出决策。此外，还可采用支持多分支机构、跨地域的办公模式，实现分布式办公、移动办公和跨地域办公。功能室、物品的申请使用，依据先申请先使用的原则，实现自动化、电子化。在此基础上，实时监控、跟踪，建立电子档案，以便查找和使用，从而规范各项工作，提高工作的组织化程度和协同效果。

五、智能考勤系统，提供管理服务

利用智能学生卡（一卡通），实现对在功能室训练的社团学生进行全方面考勤管理，包括记录学生的考勤情况，异常警示，设置休息、记录请假情况，设置签到、签退时间，自动生成考勤日报、周报、月报，方便查询、打印等，避免老师花费大量的时间点名、统计学生出勤情况等。此外，学生考勤信息可以通过网络直接反馈给班主任老师。班主任老师、家长也可以直接通过网络查询社团的训练情况。

同时，对考勤的大数据进行挖掘，分析学生参加社团活动的轨迹。分析哪个功能室使用率最高，哪个时间段学生到功能室最多，哪个功能室使用人数最多……通过分析这些数据，为功能室的使用、管理提供有力支撑。

六、视频监控设施，发挥监督作用

监控系统是安全技术防范体系中的一个重要组成部分，是一种先进的、防范能力极强的综合系统。在每个功能室适当位置安装高清摄像头，实时监控功能场所的一切情况。同时，可以实现远程操控，以便管理者遥控监督其他位置，如学生的学习情况、卫生、物品摆放等。班主任或学校管理者、家长可以通过网络直接观看学生的训练情况。做到公开、透明，以便接受大家的监督，促进管理规范化，也避免一些误传现象的发生。

此外，监控系统还具有存储、记录被监视场所视频资源的功能，在有争议时还可以及时查看监控视频。这样就为日后对某些事件的处理提供了方便条件及重要依据。

七、通讯宣传平台，保持信息顺畅

通讯宣传平台包括广播通讯宣传、网络通信平台。广播通信，主要利用在功能室建立的校园广播系统，及时发布通知。网络通信平台，可以实现师生之间的互动、高效信息传递。例如，利用腾讯通、QQ等网络通信平台，向在线用户和非在线用户发送消息，改变广播通信只能单向的信息宣传，存在一时无法听清或没有听到的情况。又如，发布消息，系统以即时通信的方式告知用户。支持信息群发，可以选择某个部门、全体或自行选择多人进行群发。还可以结合手机短信模块，将消息发送到用户手机上。甚至可以通过微信平台发送，功能室负责者的智能手机只要安装相关APP，就可以浏览相关信息。在线用户会在瞬间收到提示，离线用户在登录时也会收到提示。

总之，通过合理采用这些现代技术，将会极大促使功能室的管理达到高效化、智能化，从而让功能室的管理与时俱进，插上现代技术的翅膀，推动教育的飞速发展。

深圳与香港小学教育技术装备比较

深圳市龙华区龙华中心小学　古兴东

香港作为亚洲繁华的大都市，地区及国际金融中心之一，经济发达，教育水平高。在访港以前，很多人认为香港的教育设备应该是应用世界最先进的现代教育技术设备。真实情况是否这样呢？一直是很多人关心的问题。

本人有幸随学校访港教育考察团，对香港浸信会沙田围吕明才小学进行考察。利用这个难得的机会，对香港小学教育技术装备进行深入的观察，并与学校一线教师广泛交流、探讨。我认为香港小学教育技术装备在硬件建设、实际应用、管理制度、技术培训等诸多方面有很多值得我们学习、借鉴的地方，现谈谈自己的几点体会。

一、硬件建设——讲实效

硬件建设是教育技术装备之本。没有硬件建设，谈教育技术装备是纸上谈兵。

深圳，作为改革开放的前沿，随着经济的迅速发展、政府对教育的重视，尤其是近年来对教育的投入逐年增多，教育技术装备得到飞速发展。从最初的录音机、幻灯机，发展到电视机、展示台，再到计算机、投影机，目前交互式电子白板广泛应用于课堂，成为课堂教学的主流设备之一，而一水之隔的香港教育技术装备如何呢？

深入香港课堂发现课室用的还是电视机、投影机，这是深圳几年前的通用设备，交互式电子白板只在电脑室中应用。即使是电脑室的电脑也比较陈旧，应该是用过好几年了，而且电脑的配置不是很高。与香港小学的一些老师交谈，问到一个问题：为什么不用一些最新的媒体设备？他们认为目前这些装备已经足够满足现有教学，教学重在够用就好，并不一定要追求最新的现代信息设备。

香港教育系统对教育技术装备，遵循够用就好的原则，讲实效，不一味追求先进、豪华的教育技术设备，很值得我们借鉴、学习。

二、实际应用——重效率

实践是检验真理的唯一标准。有了教育技术设备，就要看设备实际应用的效果如何：到底只是一种摆设，还是充分发挥了它的功能，提高了课堂教学效率？

深圳的电脑室，通常只向信息技术课开放，所以学生只有上电脑课或电脑兴趣小组活动时才会使用电脑室的电脑，其他学科基本不用，应用率相对不是很高。课堂的教育技术设备，相对使用较多，但只是教师用来展示课件内容。

香港课程发展议会早在2002年发表的《基础教育课程指引》，就指出香港基础教育的目的在于提高学生的反思优势，使他们能够发挥所长。所以，教统局制定的政策强调学生"学会学习"的能力。为使学生能够养成学会学习的能力，政府在前述的课程指引内提出了"九种共通能力"（协作、沟通、创造、批判性思考、运用资讯科技、运算、解决问题、自我管理、研习）及"四个关键项目"（德育及公民教育、从阅读中学习、专题研习、运用资讯科技进行互动学习）两种概念。信息技术在香港一般称之为资讯科技，因此在九种共通能力中就包括运用资讯科技能力，四个关键项目中也包括运用资讯科技进行互动学习。

香港学校各学科会合理应用资讯科技，完成教学目标。例如，我们听了一堂有关科技资讯学科的对外展示课，老师就是在电脑室中指导学生应用Stellarium虚拟星像仪的计算机软件学习一些星系知识，学生从中不但可以学习软件应用，而且可以掌握科学知识。此外，在中午休息时间，发现有不少学生进入电脑室，有的是为了完成老师布置的英文打字作业来学习英文单词，有的通过电脑欣赏一些视听资料，还有的是为了完成一些类似过关的辅助教学游戏软件等。

教师通过布置一些需应用电脑完成的任务，促使学生完成作业的同时，也达到了让学生掌握信息技术的目的。反之，学生在熟练掌握信息技术后，也可以更好地完成作业，两者相辅相成，大大提高了设备使用效率和学习效率。

三、管理制度——定规范

无规矩不成方圆。设备应用之后，需要一套行之有效的管理制度来规范、约束学生，从而促进设备的更好应用。

在深圳学校，教育技术装备的管理最主要是靠信息技术老师，所以信息技术老师需要做很多事，既要做教学，又要管学生，还要修设备。信息技术老师在一起聊天时最常说的一个字是——累。

香港教师的课程相比要多很多，所以教师主要是教学，对设备的管理很多是依靠学生。例如，我们所参观的学校，每到一处，无论是课室还是功能室，都会有学生过来打开电源、灯、电脑、投影等电教设备，在课间休息时间及午休时间进入电脑室，都是由一些学生团体负责管理、监督。这些管理电脑室的团体，一方面指导、协助低年级的同学完成电脑作业，另一方面监督、管理电脑，以免学生玩游戏或损坏电脑。

这种学生自己管理的模式应用在装备管理方面既可以极大减轻教师的负担，同时可以充分锻炼学生，可谓一举多得。

四、技术培训——促发展

时代在发展，科技在进步，作为一名教师如果不参加现代教育技术培训，就无法使用好现代教育技术装备，促进课堂教学。合适的现代教育技术培训，可以促进教师专业的发展。

目前深圳的现代教育技术培训，主要以区教科培组织的继续教育培训或学校自己组织的校本培训为主。培训内容及培训时间都是规定好的，老师没有多少选择的余地，所以造成有一些教师想学的教育技术知识没有安排到，但是一些不是很想学或学后对所教学科意义不大的教育技术又可能安排并要求学习的情况。

香港政府教育署重视对教师的资讯科技培训。早就要求，在2000/01学年完成前，所有教师至少达到"基本程度"；在2002/03学年完结前，约75%的教师达到"中级程度"，约25%的教师达到"中上程度"，每所学校有1～2名教师达到"高级程度"。通过培训，目的是使教师能够使用资讯科技来提高工作效率及成效。①

香港对这些教育技术培训要求很高，但是教师可以根据培训目标，自定培训机构，自定时间，完成相关内容，具有很大的弹性，老师有一些自己的安排空间。由于是教师根据自己的需要选择培训，教师都很积极，变"要我学"成"我要学"，所以效果事半功倍。

深圳与香港虽然只一水之隔，但是通过这次参观学习，发现在现代教育技术装备方面，无论是硬件建设还是实际应用，无论是管理制度还是技术培训，诸多方面都有值得我们学习、借鉴的地方，需要反思、总结，取长补短，从而让学校教育技术装备发挥其应有的作用，促进教育教学水平的提升。

"Scratch+体育" 的STEAM教育案例开发

——以智能篮球裁判员的开发为例

深圳市龙华区桂花小学　蔡艳妮

开发背景：STEAM是科学（Science）、技术（Technology）、艺术（Art）、工程（Engineering）和数学（Math）英文首字母的简称。STEAM教育是由美国弗吉尼亚科技大学学者Yakman在研究综合教育时首次提出，即加强美国K12关于科学、技术、艺术、工程及数学的教育，专门用于建立动手

---

① 尚俊杰，李芳乐.香港中小学教师资讯科技培训考察与思考［J］.电化教育研究，2002（11）.

类创造性课程①。它以项目学习为主要的学习方式，注重在跨学科的实践过程中，解决真实问题；注重在动手"做"中"学"习知识，提高创新能力。旨在培养学生的科学素养、技术素养、艺术素养、工程素养和数学素养，是技术与工程教育和艺术人文教育的融合。

毛泽东早在《体育之研究》一文中写道："小学之时，宜专注重于身体之发育，而知识之增进、道德之养成次之；宜以养护为主，而以教授训练为辅。"突出小学阶段孩子身体健康第一的指导思想。2007年，教育部提出开展阳光体育运动，保证学生平均每个学习日有一个小时的体育锻炼时间，广泛开展学生体育集体项目的竞赛、大课间体育活动。篮球运动以其集体性、对抗性、趣味性、健身性、观赏性受到孩子们的喜欢。我校成立了校篮球社团、校篮球队进行日常的篮球学习，并在区篮球比赛中获得第4名的好成绩，激发了孩子们的集体荣誉感，增强了对篮球运动的喜爱。遗憾的是在假期、课后时间，孩子们进行模拟篮球对抗时，没有专业的裁判员。故我萌发了设计一款智能篮球裁判员机器人来实现孩子们随时来场竞赛的愿望。

智能篮球裁判员以"Scratch+传感"式作为载体。篮球比赛是一项激烈的对抗运动，当一方将篮球投入对方篮筐中即得一分，计分员要非常细心地记录比赛的成绩。此时，利用红外避障传感器和数码管就可以实现投篮自动计分。可以通过蜂鸣器来实现自动吹哨的功能。有了这个机器人，随时随地都可以来一场篮球比赛，也让更多的人体会到编程是为生活服务的。

一、环境选择

AS-Block-v3.1.2软件是Scratch软件的开源升级版，它不仅有Scratch的9大模块的基本功能，能实现对角色进行动作、外观、声音的控制，对变量、数据、数字和逻辑运算的计算，还能在外接传感器的基础上，实现人与人的交互、物与物的交互、人与物的交互功能。基于此，我选择了AS-Block-v3.1.2的版本、CF-Board-A主控板、ED灯传感器、红外避障传感器、有源蜂鸣器等传感器来制作智能篮球裁判员。

---

① 孙江山，吴永和，任友群.3D打印教育创新：创客空间、创新实验室和STEAM［J］. 现代远程教育研究，2015（4）.

二、研究过程

步骤一： 熟悉应用AS-Block-v3.1.2软件的变量，如何记录分数并依据一定的规则增加分数；测试红外避障传感器、有源蜂鸣器、LED灯传感的单个功能如何工作。

步骤二： 初步设计软件的功能——篮球比赛的时候，当篮球投入篮筐时，智能篮球裁判员可以自动记录分数、吹哨子，并出现指示灯表示进球了。因此，它需要运用红外避障传感器判断是否进球，从而引发是否增加分数、处理分数时如何显示。与此同时，当进球时，运用有源蜂鸣器来吹出声音，提醒比赛停止，LED灯亮。

步骤三： 开始制作。

制作第一步：先拼装投篮器，投篮器用了9个折角板、1个中板、1个长条板、1个短条。然后拼装智能裁判员的外形及各种传感器的位置，如1个红外避障传感器应放在离篮筐最近的位置，方便第一时间检测是否进球；1个有源蜂鸣器、1个LED灯传感则可根据裁判员的外形放在合适的位置。AS-Block-v3.1.2机器人主机、机器人电池、篮筐安装好，这是拼好的投篮器的样子。

图1　LED灯

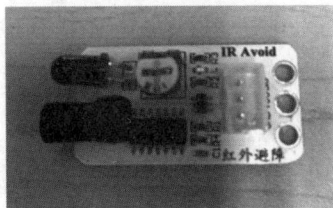

图2　红外避障传感器

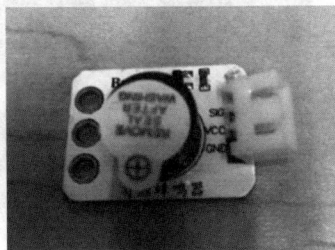

图3　有源蜂鸣器

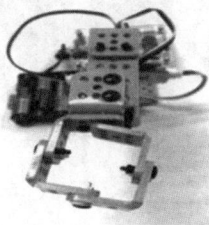

图4　篮球筐

制作第二步：用小猫当智能裁判员记录分数，设置变量把原始分数设定为0。

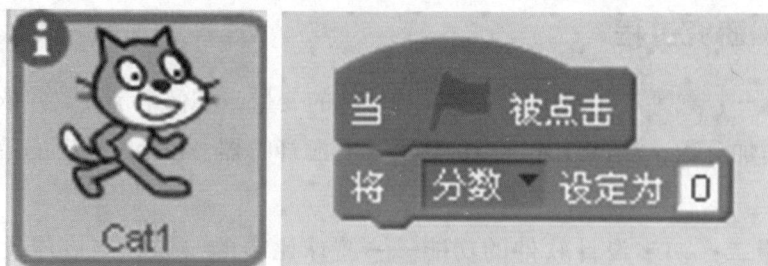

图5 小猫记分器

制作第三步：编辑脚本。

（1）在红外避障传感器中，选择数字3作为插口。因而在设置红外避障的脚本时，要把读取的传感值设置为3。

图6 红外避障传感器

（2）如果球进了，红外避障器检测到有物体，就会执行开启LED灯的命令，灯就会亮。如果球没进，灯就会灭。随着比赛的进行，篮球投进的次数越来越多，所获得的分数也越来越多。此时，运用重复执行命令，当分数=100时，程序停止，出现提示胜利的笑脸。

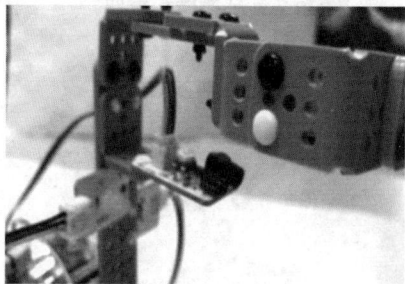

图7 灯灭的效果

图8 灯亮的效果

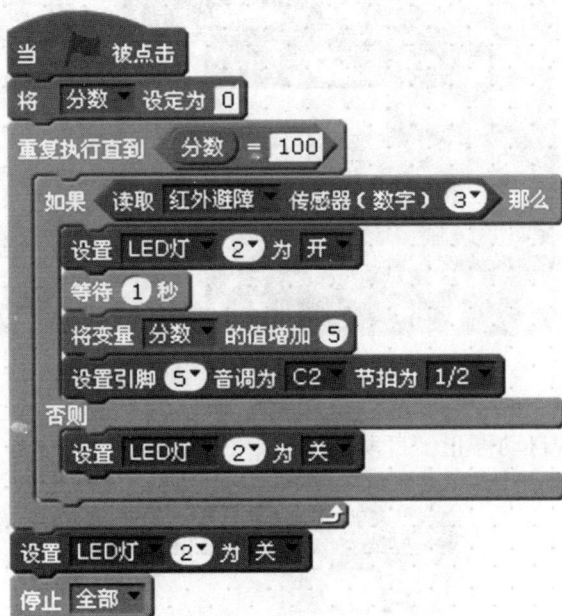

图9　控制灯的脚本

（3）有源蜂鸣器选择数字5作为插口，球进了就会发出音调为C2、节拍为1/2的声音。

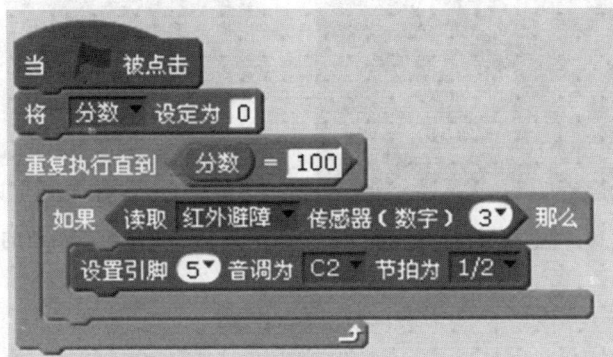

图10　设置进球后发出声音的脚本

（4）把球投进篮筐后，用来记录分数的变量会自动增加分数，可根据比赛规则来设定每进一球对应增加的分数值。这里设定初始分数为0，每投中一球分数就加5分。

图11　记录进球的脚本

（5）满分后自动停止，自动关灯。

图12　满分自动关灯的脚本

（6）完善篮球对抗赛的虚拟场景，并设置胜利的话语。

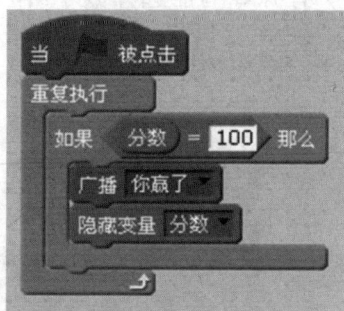

图13　篮球对抗赛的场景　　　　图14　设置胜利话语的脚本

步骤四：测试程序，发现问题并修改问题。

问题：程序中把红外避障传感器（数字3）的编程错误设置成数字4，导致红外避障传感器无法将获得的信号传输到主板，从而引起程序无法正常运行。有源蜂鸣器的引脚设置为5，每一种传感器的信号传输通道必须是唯一的，不能同时并用一个通道。

图15　红外避障传感器设置成4的数字端口脚本

图16　有源蜂鸣器引脚设置成5的数字端口脚本

修改：细心地检查一遍就会发现错误，把它改成数字3就好了。

步骤五：完成软件。

智能篮球裁判员，让篮球爱好者不用裁判就可以进行篮球比赛，并能记录分数、吹哨子，受到同学们的喜爱。此作品参加了龙华区青少年科技创新大赛获得发明类一等奖，经推荐参加深圳市青少年科技创新大赛获得发明类二等奖，受到评委的好评。

图17　程序界面图

图18　机器人正面图　　　　图19　机器人背面图

三、开发反思

爱因斯坦说："学习知识要善于思考、思考、再思考。"我就是靠这个方法成功开发智能篮球裁判员的。本文以智能篮球裁判员的开发为例来说明"Scratch+体育"的STEAM教育案例开发，有以下3点思考：

1. 智能篮球裁判员的完善构想

如果能将蜂鸣声改成音乐声，并将传感器的连接线捆好，把红外避障传感器放在框后。利用3D打印机，打出一个盒子套住后半身（篮框不套），可增加外形的美观程度。再给它装上轮子，实现可移动的功能。移动的方案有两种：第一种可以利用电机，设置一定的旋转速度，让它在一定的范围内轻微地移动，恰似人在踱步一般；第二种可以通过无线遥感来控制，不同的按键代表不同的方向，并可调节移动的速度，会显得更加智能。但带来的不利因素是增加了投中篮球的难度。因此，可在设置不同的难度挑战赛时，应用此功能。

2. "Scratch+学科"与STEAM教育相互契合

"Scratch+学科"与STEAM教育互为契合、互为成就有以下3个方面的思考：

（1）两者引入课堂教学的目标是一致的，均是为了培养学生的动手实践能力，培养学生的创新思维，提升学生科学、技术、数学、工程、艺术等核心素养。让学生能在日常生活、问题解决、适应环境等方面，通过学习、理解、运用跨学科的知识与技能、思维与方法去理性思维、勇于探究。

（2）两者引入课堂教学的方式是一致的，均是以项目式学习为基点。基于项目的学习是以学科的概念和原理为中心，以制作作品并将作品推销给客户为目的，在真实世界中借助多种资源开展探究活动，并在一定时间内解决一系列相互关联的问题的一种新型的探究性学习模式。①它强调以在现实生活或真实情景中的多学科交叉问题为出发点，利用多学科的工具和技术来解决，最终呈现出作品或方案，具有一定的社会效益。

（3）两者引入课堂教学的内容是一致的，均是以跨学科应用为师生教与学的引导线。"Scratch+学科"实现了编程与学科的融合，具有灵活性与扩展性的特点；依据不同的项目需求，以"科学"的程序思维方法，运用"数学"原理，利用不同传感"技术"，来搭建符合现实"工程"标准又兼具"艺术"美感的作品。"+学科"不仅是跨学科教的内容，也是跨学科学的内容，更是解决问题时跨学科的工具与思维的应用过程，故跨学科是两者教育形态的贯穿线。

3. "Scratch+传感"式的结合，丰富了交互的可能性

"Scratch+传感"式的智能篮球裁判员，将Scratch所描绘的虚拟世界与真实生活所涉及的客观世界相连接，实现人机交互。此模式增大了人与人交互、人与物交互、物与物交互的可能性，在智能时代下，为学生从小感知、理解、应用、创造物联智能找到一个可操作、可感触、可评价的落脚点。以此案例作为STEAM教育的切入点，符合学生由掌握、应用到分析、综合的认知提升规律；思维的过程由运用符号象征的事物，用符号从事简单思考活动的前运算阶段，过渡到运用符号进行有逻辑的思考活动的具体运算阶段，最终进阶到从具体的形象事物，运用抽象的概括提出合理的假设并验证，从而了解事物有多种可能性的形式运算阶段。从实践中发现，它能确实有效地提高学生的信息技术核心素养，为学生成为智能时代的开发者打下创新基础。

---

① 刘景福，钟志贤. 基于项目的学习(PBL)模式研究［J］. 外国教育研究，2002（11）.

第三节　互动白板

信息技术课堂应用交互式电子白板初探

深圳市龙华区龙华中心小学　古兴东

随着社会的进步、科技的发展，传统"粉笔+黑板"的教学形式向以交互式电子白板为代表的新技术教学形式转变。新媒体新技术的广泛应用让信息技术课堂如虎添翼，大大提高了课堂教学效率。我将结合信息技术课堂教学实践谈谈自己对交互式电子白板的体会。

交互式电子白板是最近几年迅速发展起来的一种多媒体新技术。它可以实现电子白板与电脑的连接，并利用投影机将电脑上的内容投影到电子白板屏幕上，在专门的应用程序的支持下，利用特定的定位技术实现在白板上进行交互式教学。交互式电子白板在信息技术课堂中应用具有以下几个特点。

一、交互式电子白板，有利于激发学生学习的兴趣

兴趣是最好的老师，兴趣是学习的挚友。新鲜刺激的事物，最容易吸引孩子们的注意力。因此，交互式电子白板这种新教学手段的介入能够帮助教师恰当地把握小学生好奇、好动、好胜的心理特征，挖掘教材中的趣味因素。

例如，在上五年级Flash动画制作《遮罩》效果时，我采用白板的聚光灯工具，遮罩图形的大部分，只露出一小部分让学生猜一猜是什么图形，吸引学生的注意，激发学生的兴趣，学生兴趣盎然，争先恐后猜图形，然后我因势利导，引入Flash《遮罩》效果的学习就自然而然了。

二、交互式电子白板，有利于发挥学生学习的自主性

新课标提倡以学生为主体，鼓励学生通过自己主动的学习活动来达成学习目标。上课时请老师或学生示范操作步骤，这是信息老师经常使用的一种教

学方法，但是由于学生接受能力的差异，已经掌握方法的同学认为很简单，希望老师略过此步骤，而不会的同学却希望老师慢点讲，以便能认真学习，造成了老师两难的处境。

所以上课时，可以充分应用电子白板的录像功能，将老师或学生示范的操作步骤进行录像，保存到电脑中并通过网络共享，以便学生查看视频。掌握方法的学生可以直接操作练习，不会的学生可以查看录像继续自主巩固学习，这样，充分发挥了大家学习的主动性，课堂效率也得到大大的提高。这就是交互式电子白板走进课堂的根本原因之所在。

三、交互式电子白板，有利于调动学生互动的积极性

交互式电子白板具有互动性和易操作性特点，作为一种变革性的教学手段，有利于促进课堂教学方式的改革，有利于教师和学生之间、学生和学生之间的互动学习。在传统的课堂中，师生、生生很少进行互动，而电子白板在外观和操作上接近黑板和触摸屏，无须经过严格的专业训练，就可以在课堂教学中进行互动，能充分调动学生的积极性。

例如，在课堂中我结合深圳当前的"大运会"，设计了一个虚拟"传递火炬"的游戏。请学生上台担当大运"火炬手"，在白板显示的世界地图上拖动"火炬"完成火炬传递。参与的学生认真而积极，没有参与到的学生跃跃欲试。通过拖动图片，学生既加深了对"火炬传递"的认识，又充分调动了积极性。

四、交互式电子白板，有利于养成良好的习惯

教学过程中，教师要根据学生的特点，灵活设计各种课堂教学策略，并合理安排好每一节课的时间段，如探究时间、练习时间、设计时间、展示时间等。而在平时的教学中，我们常常不能很好地把握课堂时间，造成拖堂现象或时间分配不合理的现象，不利于老师课堂教学，也不利于学生学习。

根据教学内容及学生的特点，课堂中应用电子白板的倒计时功能设置合理的探究时间、练习时间、设计时间、展示时间，严格要求学生按照时间进行练习，规范学生的操作，同时鼓励提前完成任务的学生发挥小组合作精神，帮助小组其他同学，最终促进学生养成守时的好习惯，达到共同进步的目的。

总之，交互式电子白板能够把传统教学和现代科技结合起来，同时实现

人机的交互，成为课堂教学的重要手段。交互式电子白板的广泛应用让信息技术课堂如虎添翼，焕发了活力，大大提高了课堂教学效率。

小学课堂教学中应用交互式电子白板的现状调查

——以深圳市三所小学为例

深圳市龙华区龙华中心小学　古兴东、肖友花

一、研究综述

（一）研究缘由

以交互式电子白板为核心的新媒体新技术最近几年被广泛应用于课堂教学中，对于促进师生的互动、方便教师开展教学活动、扩大学生知识面，以及改革传统教学模式、改善教学效果、提高教学质量等方面均产生了巨大的作用。将"多媒体教室"提升为"交互式教室"，成为我国教育信息化建设与发展进程中的热点与亮点。[①]

虽然交互式电子白板教学有其自身的优势，但交互式电子白板也不是万能的，目前课堂中应用交互式电子白板的实际效果如何，哪些因素影响了交互式电子白板的教学，怎样进一步提高课堂交互式电子白板的使用效率等问题也有待解决。从这一系列实际问题出发，有必要针对交互式电子白板在小学课堂教学中的应用进行系统的调查研究。

（二）核心概念鉴定

1. 课堂教学

课堂教学是教育教学中普遍使用的一种手段，它是教师给学生传授知识和技能的全过程，主要包括教师讲解、学生问答、教学活动及教学过程中使用的所有教具，也称"班级上课制"，与"个别教学"相对。把年龄和知识程度相同或相近的学生，编成固定人数的班级集体；按各门学科教学大纲规定的内容，组织教材和选择适当的教学方法，并根据固定的时间表，向全班学生进行

---

① 潘璇.交互式电子白板在课堂教学中的应用策略［J］.中国电化教育，2010（8）.

授课的教学组织形式。①

2. 交互式电子白板

交互式电子白板（Interactive Electronic Whiteboard，也称电子交互白板、交互白板、电子白板或数码触摸屏）的定义，目前最为人们广泛接受的是英国教育通讯和科技署（BECTA）对交互式电子白板的定义：交互式电子白板是一个与数字投影机及计算机连接在一起的具有触摸感应的白板，投影机将计算机屏幕的图像投射在白板上。用户通过直接触控电子白板或使用一支特殊的笔就可以对计算机进行操控。②

本研究所说的课堂教学交互式电子白板应用主要指的是在课堂上教师给学生传授知识和技能的过程中，所使用的一种将数字投影机及计算机连接在一起的具有触摸感应的白板。投影机将计算机屏幕的图像投射在白板上，教师及学生通过触控电子白板就可以对计算机进行操控，完成展示、书写、绘图、标注、操作对象（拖动、缩放、隐藏或显示、旋转等）、音视频操作、聚光灯、拉幕、放大镜等操作，方便教学，提高效率。③

（三）国内外研究

1. 国外研究

交互式电子白板最先在发达国家应用。作为一种可以有效促进学习活动的工具，交互式电子白板在英国、美国、加拿大、澳大利亚等许多发达国家的课堂中已经得到广泛使用。其中英国是世界上较早在教育领域使用交互电子白板的国家，也是在国家层面上推动力度最大的国家。④2004年，英国80%的中小学都配备了交互式电子白板，装设交互式电子白板的教室总共有11万间，占到教室总数的15%。而所有的教室都装设了交互式电子的中小学已经有300多所，新建学校的所有教室都配备了交互式电子白板。⑤2007年，英国100%的小

---

① 百度百科_课堂教学，http://baike.baidu.com/view/639358.htm.

② 石映辉，杨宗凯，杨浩，刘三研.国外交互式电子白板教育应用研究［J］.中国电化教育，2012（5）.

③ 吴筱萌.交互式电子白板课堂教学应用研究［J］.中国电化教育，2011（3）.

④ 陈曦.交互式电子白板的课堂应用研究［D］.华东师范大学，2010.

⑤ 丁兴富，蒋国珍.白板终将替代黑板成为课堂教学的主流技术［J］.电化教育研究，2005（5）.

学都配备了交互式电子白板。

其中普罗米修斯公司建立了普罗米修斯社区，号称是世界上最大的互动电子白板社区平台。通过该平台，可以获得22000堂免费教案，专业的发展资源，互动学习ActiveLearning课程，从实时论坛中获得支持和灵感以及更多信息，可以和老师在线交流。[①]

2. 国内研究

我国交互式电子白板的教学应用起步较晚，21世纪初开始引入我国，在中小学课堂的引进和推广主要集中在大中城市。目前，国内对交互式电子白板的研究主要分为两大类：第一类是关于交互式电子白板的设计、分析、实现方面的研究。这部分重点是研究电子白板的开发技术；另一类是关于交互式电子白板的应用方面的研究。这一方面是目前中小学教师非常关注的热点问题，也是本文主要研究的方向。

在课堂教学中应用方面的研究较早并且较为权威的是首都师范大学远程教育研究所的丁兴富教授领衔的全国"十五"教育科学规划重点项目——"中英合作交互式电子白板实验研究项目"的研究。

"全国中小学交互式电子白板学科教学大赛暨观摩研讨活动"，由中央电化教育馆《中国电化教育》杂志社和中国教育学会中小学信息技术教育专业委员会主办。自2008年起，广泛征集全国各学科在新媒体新技术应用方面，尤其是电子白板应用的优秀课例。

一些专业交互式电子白板网站也应运而生，为用户提供资源和技术支持。例如，中国白板网（http://www.chinaiwb.net/），是中国最大的白板资源门户。截至2011年4月8日，共有资源数134340，用户1505。

（四）研究方法

1. 文献法

通过中国知网搜索有关课堂交互式电子白板课堂教学应用的期刊、学位论文等，同时在深圳市图书馆查找相关书籍，以及通过Google、百度查找相关资料。通过对这些文献的收集、整理和综合分析，厘清并掌握的国内外已有的研究成果，并借鉴其中有价值的内容，为本课题的研究提供理论与实践的

---

① 英国普罗米修斯公司网站（http://www1.prometheanworld.com/chinese-s/）。

支撑。

2. 调查法

（1）师生问卷调查：以三所学校为例，发放教师、学生问卷调查表，并收集、整理问卷调查表数据。

（2）课堂观察：深入各学科课堂听课，了解各学科教师实际课堂应用交互式电子白板情况，对听课实际情况进行记录。

（3）录像课例调查：对深圳市教育信息技术中心网站展示的全市各学科录像课例中教师应用交互式电子白板的情况进行分析。

（4）访谈了解：与骨干老师进行访谈，就有关课堂交互式电子白板教学应用问题进行广泛深入的讨论。

二、小学课堂教学中应用交互式电子白板的现状调查

（一）调查对象

为全面调查了解交互式电子白板在小学课堂教学中的应用现状，选择了3所各具代表性的小学作为调查对象。其中，龙华中心小学是广东省现代教育技术实验学校、广东省一级学校、深圳市智慧校园示范学校，是信息化特色鲜明的公办学校。各项现代教学设备完善，每个教室及主要功能室都安装了交互式电子白板，教师课堂应用交互式电子白板开展较好、水平较高，信息技术更是该校的一大特色。松和小学是公办小学，近年来随着市政府原村小改造项目的实施，现代多媒体设备设施进一步完善，每个课室都安装了交互式电子白板，所以课堂教学中交互式电子白板的应用也得到飞速发展。三联永恒学校是一所民办学校，近年来学校领导重视教育投入，提高教育教学质量，交互式电子白板设备设施也逐步完善，一、二年级的教室中率先安装了交互式电子白板。

以上3所学校，各具代表性，既有公办学校，也有民办学校；既有现代教育技术应用的先进示范学校，也有普通的学校。所以，选择这3所学校作为研究对象，更具有代表性、广泛性，调查的结果也更具真实性。

（二）调查结果

1. 教师问卷调查结果

针对3所学校的教师问卷调查表分别发放120份、100份、50份，合计270份，其中三联永恒学校只针对安装交互式电子白板的一、二年级教师发放。最终分别回收有效问卷调查表92份、78份、39份，合计回收209份。

对3所学校回收的教师问卷调查表进行收集、汇总、归纳，主要调查结果如图1所示。

（1）平时的课堂教学中使用电子白板进行教学的频率。

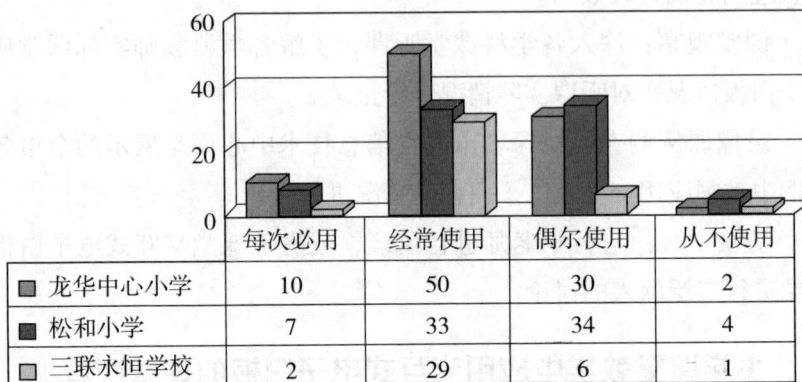

	每次必用	经常使用	偶尔使用	从不使用
龙华中心小学	10	50	30	2
松和小学	7	33	34	4
三联永恒学校	2	29	6	1

图1 课堂教学中使用电子白板教学频率图

教师平时在课堂教学中经常使用、偶尔使用的占大部分，说明课堂教学中电子白板使用率是很高的。

（2）教学中主要使用的电子白板功能，如表1所示。

表1 电子白板功能表

电子白板功能	龙华中心小学	松和小学	三联永恒学校	合计
显示	86	64	35	185
书写	63	46	22	131
绘图	53	23	18	94
标注	43	33	15	91
拖动	35	19	10	64
音视频操作	39	32	18	89
聚光灯	10	12	4	26
播放动画	36	24	12	72
放大镜	6	0	1	7
其他	2	4	1	7

从中可以发现老师课堂教学中交互式电子白板的应用，绝大部分集中在显示功能，其次是书写、绘图、标注、音视频操作、播放动画等功能，其他涉

及较少。

（3）影响课堂教学中应用交互式电子白板的主要因素，如表2所示。

表2　影响课堂教学电子白板因素表

影响的主要因素	龙华中心小学	松和小学	三联永恒学校	合计
缺乏应用交互式电子白板的设备、设施	4	6	5	15
设备、设施的操作不熟悉或太麻烦	33	36	12	81
交互式电子白板教学备课工作量大，时间长	23	23	15	61
制作交互式电子白板课件能力不足	43	33	14	90
缺少交互式电子白板教学技术的培训	25	20	21	66
交互式电子白板教学资源不足或不适用	9	12	13	34
所授学科不适于应用交互式电子白板	10	12	0	22
缺乏激励机制	6	4	2	12
学校领导重视不够，缺乏同事的支持	1	0	0	1
其他	2	4	1	7

从表2中可以看出影响的主要因素是制作交互式电子白板课件能力不足，设备、设施的操作不熟悉或太麻烦，缺少交互式电子白板教学技术的培训，以及交互式电子白板教学备课工作量大、时间长等几个方面。这就要求教育管理部门，需要多举行一些技术培训或交流活动，特别是课件的培训，以促进教师水平的提升。

2. 学生问卷调查结果

针对3所学校的学生问卷调查表分别发放300份、110份、100份，合计510份。最终分别回收有效问卷调查表298份、107份、90份，合计回收495份。对回收的问卷调查表进行收集、归类，再进行统计，最后将统计数据进行汇总、归纳。为更直观显示，方便比较，将数据统一转换为百分比，并精确到小数点后二位数。具体调查结果如下：

（1）学生对教师用交互式电子白板进行上课喜欢程度，如表3与图2所示。

表3 电子白板调查表

	喜欢	无所谓	不喜欢
百分比	58.55%	30.26%	11.18%

你喜欢老师用电子白板进行上课吗?

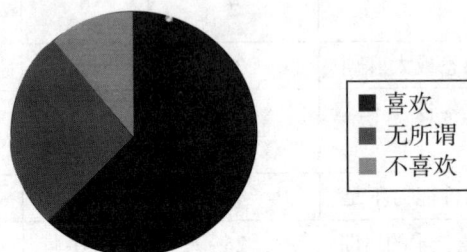

图2 电子白板调查图

从表3及图2可以发现,占受调查学生的58.55%表示喜欢老师用交互式电子白板进行教学;当然也有30.26%的学生表示无所谓。可见交互式电子白板还是受学生欢迎的。

(2)关于哪科教师教学时使用交互式电子白板比较多,如表4与图3所示。

表4 教师使用电子白板调查表

	语文	数学	英语	音乐	体育	美术	电脑	科学	品德	其他
百分比	60.53%	54.61%	63.16	50.00%	3.23%	22.37%	45.39%	11.84%	7.90%	8.55%

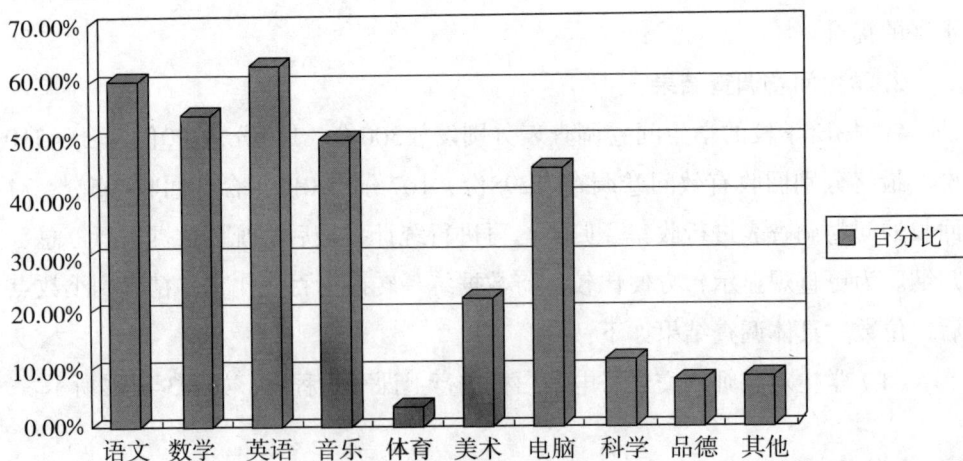

图3 教师使用电子白板调查图

哪科老师教学时使用电子白板比较多？大部分认为是英语、语文、数学、音乐、电脑5科，百分比分别为63.16%、60.53%、54.61%、50.00%、45.39%。这可能与语、数、英作为主科老师上课展示内容比较多有关，音乐老师经常需要播放音乐，电脑老师作为技术老师也会经常利用白板功能。而其他科老师使用不多，其中体育科3.23%最低，可以说老师基本不用电子白板，这与学科特点有关。因为体育课主要在室外上，基本没有使用电子白板的机会。

（3）您对老师应用电子白板进行教学有什么意见或建议？

对所填写的意见和建议进行归类，其中42.50%的学生认为好，希望老师多用。25.00%的学生认为应该偶尔用或尽量少用，主要是因为白板显示看多了，容易造成近视眼。17.50%的学生认为不好，最好不要用。还有5.00%的学生提出一些很好的建议，如电子白板的功能最好多点、屏幕大点等。可见学生对交互式电子白板还是比较认可的，但是也有部分学生认为会造成近视，这需要引起相关部门的重视。

3. 录像课例观察结果

利用深圳市电化教育馆网站展示全市优秀课例资源进行录像课例观察。这些录像课是深圳教育局向全市各学校各学科广泛征集的优秀课例，目的是实现教育教学资源的共建共享，包括小学、初中、高中、职业教育、特殊教育。

在网站展示的几千节小学优秀课例资源中，依据时间顺序，对最近上传的200节课进行观察、统计、分析。这200节课中，涉及语文、数学、英语等13种类型，分别属于40所学校。其中，有53节课是在具有交互式电子白板的课室中进行的，课堂教学中涉及应用交互式电子白板的占全部课堂的26.5%，如图4与表5所示。

课堂教学中涉及交互式电子白板应用比例

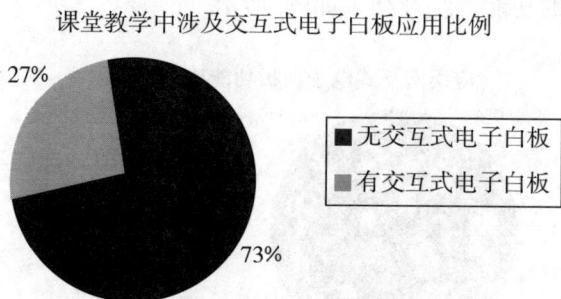

27%

■ 无交互式电子白板
■ 有交互式电子白板

73%

图4 无交互与有交互使用白板调查图

表5　200节录像课中各学科课堂教学中涉及交互式电子白板应用比例表

类型	合计节数	课堂教学中涉及交互式电子白板应用	百分比
语文	65	17	26.15%
数学	32	13	40.63%
英语	28	7	25.00%
思想品德	18	4	22.22%
体育	10	0	0.00%
班会课	8	2	25.00%
科学	6	1	16.67%
美术	9	2	22.22%
音乐	8	1	12.50%
艺术	6	3	50.00%
心理	5	1	20.00%
信息技术	4	2	50.00%
综合	1	0	0.00%
合计	200	53	26.50%

从表5中我们可以发现，在13种类型中，课堂教学中涉及交互式电子白板应用比例最高的是信息技术、艺术，占50.00%；其次是数学，占40.63%。信息技术学科是学校信息技术应用能力最强的老师，所以信息技术学科比例会高，这点不难理解。数学教师属于理科。综上所述，理科学科课堂教学中涉及交互式电子白板应用比例比文科学科要高。

在53节课堂教学中涉及交互式电子白板应用的录像课例中，我们通过观察发现，大部分应用于显示功能，也就是相当于把交互式电子白板当作普通的投影幕或大的显示器，真正的交互功能没有体现。只有5节课，老师充分应用了交互式电子白板的功能。统计结果如图5所示，

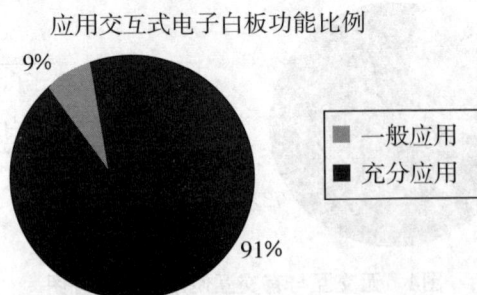

应用交互式电子白板功能比例

9%

91%

一般应用
充分应用

图5　白板功能图

这提醒教育管理部门，需要加强培训，提升教师的交互式电子白板的应用能力，否则，交互式电子白板的功能没有充分发挥，花大价钱购置的交互式电子白板只是当作普通的投影幕使用，将造成资源极大的浪费。

4. 课堂观察结果

深入课堂共听14节课，涉及6个学科。其中，语文2节、数学3节、英语5节、音乐1节、美术2节、科学1节。

通过课堂观察，发现老师能根据自身学科的特点，合理应用交互式电子白板的功能，有效地提升了课堂效率，提高了学生的积极性。主要用了显示、书写、遮罩、聚光灯、拖动、播放声音、播放动画、播放视频等功能，使课堂师生的互动性得到提高，学生的兴趣浓厚。但是也发现部分老师对功能的使用方面有一些牵强附会，教师为应用交互式电子白板而用电子白板，不是从需要出发，从提高学生兴趣、提高课堂效率出发。

5. 访谈调查结果

为更进一步了解教师对交互式电子白板应用的真实看法和切身体会，设计了几个问题，从开始应用交互式电子白板时间、教师实际应用心得、应用的主要功能、交互式电子白板的优势、如何获得技术，以及影响交互式电子白板应用的因素等方面全面了解交互式电子白板在小学课堂教学中的应用现状。

小学学科中共有语、数、英、音、美、科学、信息、品德、体育9个学科。由于体育课一般在室外上，品德一般由语文老师或班主任老师兼任，所以选取了语、数、英、音、美、科学、信息7个学科，对共15名老师进行访谈交流。

对几个问题进行访谈汇总如下：

（1）对于主动地应用交互式电子白板进行教学。大部分老师是比较理性的，认为一般都会使用，但也要根据课堂教学的实际需要进行选择。

（2）对于主要应用了交互式电子白板的哪些功能。主要有显示、遮罩、画连线、拖动图片、批注、换页、音视频播放等。

（3）运用交互式电子白板进行教学的优势。大家一致认为是交互性，将一些需要用鼠标在电脑显示器前操作的功能，直接在电子白板中操作，极大方便了老师教学，提高了效率，同时也有利于提高学生学习的积极性。

（4）影响运用交互式电子白板进行教学的因素。主要有设备不够稳定，有时会无法操作，需要维修。设备灵敏度也需要提高，影响操作。白板软件不好制作，需要自己电脑中安装对应的白板软件，培训较少及课前花费时间多等。

小学课堂教学中应用交互式电子白板存在问题的归因分析

深圳市龙华区龙华中心小学　古兴东

最近几年随着社会的进步、科技的发展，很多学校开始在课堂教学中应用交互式电子白板，提高课堂教学效率，提升教学质量，推动教育信息化的发展。交互式电子白板在带来众多方便的同时也带来了功能没有充分发挥作用、课堂中实际利用率低、建设及维护费用高等一系列问题，制约着教育的健康发展。

从实际出发，对深圳市龙华中心小学、松和小学、三联永恒学校3所学校进行深入调查，通过对师生问卷调查、实际深入课堂观察、录像课观察、访谈等方式，发现交互式电子白板在课堂教学中发挥着重要作用，极大提高了课堂效率，促进了教学方法的转变，但是也存在以下几个问题，有待解决。

一、交互式电子白板的硬件设施普及不完善

通过问卷调查可以发现，近几年学校课室中交互式电子白板的硬件设施逐步完善，所调查的3所学校课室基本都安装了电子白板设备，但是功能室安装不多。

而且从市电教馆网站200节录像课例观察中也可以发现，只有26.5%的课例中应用了交互式电子白板。当然，由于学科特点的原因，如体育课并不需要在交互式电子白板的课堂中进行。但语文、数学、英语三大学科也分别只有26.15%、40.63%、25.00%的使用率，如表1所示。

表1　使用交互式电子白板调查表

类型	合计节数	课室中使用交互式电子白板	百分比
语文	65	17	26.15%
数学	32	13	40.63%
英语	28	7	25.00%

主要原因是一套交互式电子白板，包括电子白板、投影机、电脑、展示

台等需要两万多元，价格不菲。对公办学校来说，由于是财政拨款，领导也重视现代教育技术，重点学校的设备相对比较完善。但是普通学校硬件设施与重点学校相比有一定差距，还需要领导重视，需要政府加大投入力度进一步完善设备。对民办学校来说，由于是非政府投资，由学校或校董事会决定投资，部分学校出于减少支出考虑，少购买一些设备，甚至不购买，造成民办学校设备设施落后。

而2007年，英国100%的小学都配备了交互式电子白板。[①]所以整体来说，交互式电子白板的普及还有待进一步完善。不过随着技术的成熟、设备的发展、价格的下降，交互式电子白板必将得到普及。

二、教师应用交互式电子白板技术水平低

交互式电子白板功能丰富多彩。我们通过问卷调查、实际课堂观察可以发现，大部分老师主要应用一些基本的功能。通过对53节有交互式电子白板的录像课观察，也发现大部分教师主要应用静态展示功能，占91%，只有5节课例才会充分应用交互式电子白板书写、绘图等其他功能，只占9%，造成资源的极大浪费。

通过查找资料也发现，这不是本地特有现象，而是具有普遍性的现象。例如，北京大学吴筱萌为分析目前交互式电子白板的课堂应用情况，将交互式电子白板功能聚焦在展示、书写、绘图、标注、操作对象（拖动、缩放、隐藏或显示、旋转等）、音视频操作、动态生成、聚光灯、拉幕、放大镜等10个功能大类，更详细分类为30个小功能。对27节来自不同省份的录像课进行分析，结果如图1[②]。

---

① 石映辉，杨宗凯，杨浩，刘三妍.国外交互式电子白板教育应用研究［J］.中国电化教育，2012（5）.

② 吴筱萌.交互式电子白板课堂教学应用研究［J］.中国电化教育.2011（3）.

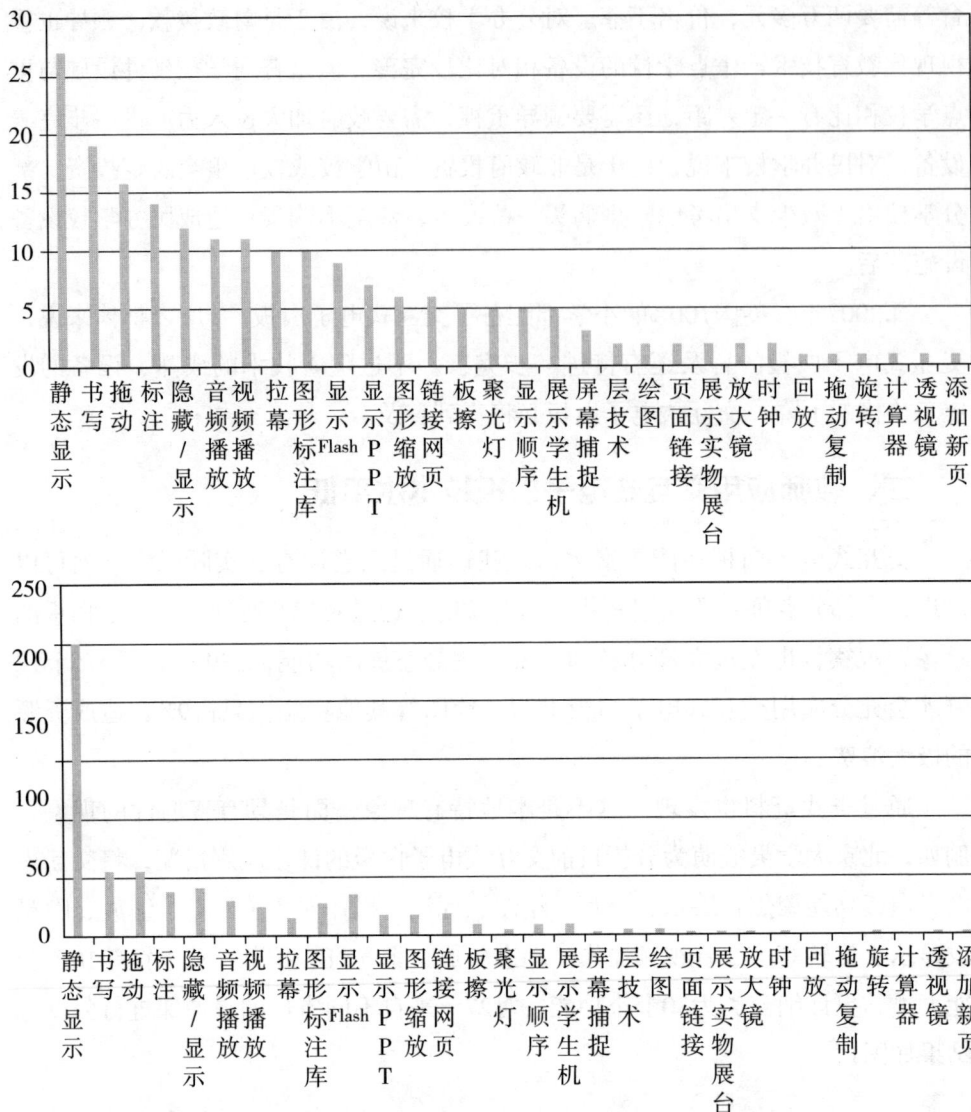

图1 录像课分析结果

从中可以发现，大部分教师应用的是静态展示功能，其次是书写、拖动、音频播放、视频播放等功能。

主要原因是教师在课堂中更多的是呈现资料如文本、图片，加上书写、播放音乐、视频、动画等。所以这几项功能数据统计特别多，同时也与教师对交互式电子白板的功能了解、掌握程度有关，如对屏幕捕捉、放大镜、聚光灯、时钟等功能没有合理应用。例如，板书、小结可以对屏幕进行捕捉并保存，以便重放；也可以利用交互式电子白板的"屏幕录制器"对一些操作步骤进行录像，文件会以视频的格式保存等。[①]这需要教师多掌握一些交互式电子白板的功能，并合理应用于课堂中，以促进教学效果。

三、滥用交互式电子白板，缺少必要的板书等传统教学手段

广泛应用交互式电子白板等现代新媒体、新技术以适应现代教育技术的发展，推动教育信息化的前进，这是技术发展的必然结果，本身是好事。

但是通过对录像课例观察及深入实际课堂发现，一些教师错误地理解成只要用"交互式电子白板"就是好的，存在应用交互式电子白板过度现象。不管三七二十一，一味使用"交互式电子白板"，造成的效果适得其反，整节课出现令人眼花缭乱的图片、让人应接不暇的链接等，非但不能发挥出交互式电子白板的作用，反而会让整节课缺少重点，偏离目标，削弱了教师应有的主导地位，进入"物驾驭人，人服务于物"的误区。[②]

在实际课堂教学中教师应根据需要，合理应用交互式电子白板等新技术，提升教学效果，提高学生兴趣。在一些特殊场合，如教孩子手写，老师适当地板书，可以让学生对中国文字的手写更直观明了，比交互式电子白板直接显示文字效果要更好。

而且交互式电子白板的使用不能弱化和替代学生的实际操作。由于交互式电子白板可以实现任意旋转、拖动，集合了几何画板等软件的功能，在课堂调研过程中发现，有些原本应进行实际操作的活动，很多教师因为电子白板的便捷，选择了让学生在电子白板上进行操作，代替实际操作，从而弱化了学生的实际操作。

其实能够让学生进行实际操作的教学活动，我们力主让学生进行实际操作，而不是用交互式电子白板代替操作。因为学生只有在实际操作的过程中才能有更真切的体验，才能更深刻地理解和掌握，才能真正锻炼和提高学生解决实际问题的能力。就像模拟开车和真实驾驶完全不同一样，学生的实际操作是

---

① 张磊.恰当应用交互式电子白板促进课堂教学实效的提升 [J].中国现代教育装备，2011（14）.

② 潘贞.交互式电子白板的应用优势及思考 [J].中国信息技术教育，2011（4）.

再形象、再生动的电子模拟也不能替代的。[①]

四、交互式电子白板配套教学资源欠缺

新课改一直提倡教学方式和学习方式的改革，目的是要改变以往填鸭式的教学方式，激发学生的积极性与主动性，所以积极倡导交互式电子白板的应用，让学生成为学习的主体，在探究、互动、合作中获得知识，提高学习效率。

无论是调查分析，还是深入课堂了解，都可以发现一线教师在课堂应用交互式电子白板中配套教学资源严重不足。很多教师利用网络下载教学资源，由于下载的资源大小不一、格式多样，花费不少的时间，越来越成为阻碍教师提升交互式电子白板应用水平的绊脚石。

主要原因在于缺乏统一的标准和技术手段，目前教学资源建设存在凌乱无序和重复建设的问题。教学资源建设的现状日益不能满足一线教师在此方面的需求，这一问题的解决迫在眉睫。为了保证电子白板使用的有效性，还需要为其开发相关的配套资源。[②]

五、缺乏对教师进行交互式电子白板课堂应用的有效培训

我们通过教师调查、课堂观察、访谈等方式，对数据进行分析，发现教师交互式电子白板应用技术还停留在显示、书写等基本操作层面上的主要原因是缺少更深一个层面的技能培训。

教师通过开始培训获得基本交互式电子白板技术后，再也没有后续的培训工作。问教师"为什么不用或少用一些交互式电子白板的其他操作呢"，很多教师回答"我不知道有这些操作"。这是造成教师交互式电子白板技能水平低的主要原因。

再进一步分析"为什么教师没有进行更深层次的培训"。是教师不愿意吗？我们咨询过不少教师，问他们需不需要进一步进行交互式电子白板教学技

---

① 张宏伟.浅谈使用交互式电子白板进行教学要注意的几个问题［J］.中小学电教，2011（4）.

② 邓睿.交互式电子白板教育应用综述［J］.教学仪器与实验，2011（3）.

术的相关培训。很多老师认为有必要加强学习。而且很多老师也提了很多很好的建议，包括一起交流学习，或者将操作方法放在网络中或打印成资料，供大家学习，不明之处，大家再交流学习，可以节省不少时间与金钱等。培训老师的选择也是灵活多样，有的建议选择公司的技术人员，对交互式电子白板的性能比较了解；有的建议选择应用比较好的教师，这些优秀教师从自身的实际经验出发，培训起来，更易被其他教师接受等。

由此可见，培训是有效的学习方式，老师也需要培训。主要原因是培训时只教给教师如何操作和使用各种软件功能，没有结合学科特点进行说明，而交互式电子白板技术的功能是各式各样的，各学科的教学内容、方式各不一样，造成教师想学但是学不到自己所需要的。所以有必要经常对各学科教师进行分学科的培训、交流活动，以促进教师交互式电子白板技术水平的提升。①

六、交互式电子白板设备本身存在的不足

交互式电子白板是一种新技术设备，在调查、访谈过程中，也发现存在一些不足，主要有以下几点：

（1）交互式电子白板的故障率高，灵敏度还不是很理想。操作时会出现失误，一次两次使用失误，容易让人对电子白板使用产生不信任感，同时也易分散学生注意力，影响教学。②

（2）在交互式电子白板上写字不能体现汉字的美感。教师书写出漂亮的板书给人一种美的享受，成为学生模仿的对象。但在电子白板上板书字体比较生硬，不能体现汉字特殊的美感。③

（3）教师使用交互式电子白板，必须是交互式电子白板正常连接到电脑的状态下才能进行，这就使交互式电子白板的使用受到一定限制。

（4）电子白板只适合小班教学，在超过40人的大班教学中师生、生生互动困难，影响白板互动功能的发挥。④

---

① 赵国栋.教育信息化国际比较研究［M］.南京：江苏教育出版社，2008.

② 潘小妮.交互式电子白板系统在现代教育技术中的应用［J］.电脑知识与技术，2012（17）.

③ 王耀平.交互式电子白板在高中地理教学中的应用研究［D］.华东师范大学，2010.

④ 陈钢.交互式电子白板的特点及应用中存在的问题［J］.中小学电教，2008（9）.

（5）电子白板手写识别的准确性还有待完善。手写识别是一种智能技术，但是目前识别率还不是特别令人满意，只有手写者字体工整，识别率才比较高。

（6）电子白板也是一种电子显示设备，学生长时间观看会影响视力。

提高交互式电子白板在小学课堂教学中应用水平的对策

深圳市龙华区龙华中心小学　古兴东

根据调查结果进行分析，我们知道当前小学课堂教学中交互式电子白板的应用存在若干需要解决的问题。所以，本研究提出以下几种提高交互式电子白板在小学课堂教学中应用水平的策略。

一、加强教室交互式电子白板建设，逐步完善硬件设施

"巧妇难为无米之炊"，要提高教师交互式电子白板的课堂教学应用水平，首先一点是加强硬件建设，普及交互式电子白板。根据目前学校的性质分为公办与民办两种，要分别采取不同的措施，区别对待。

1. 公办学校，加大投入，逐步普及

对公办学校来说，普及交互式电子白板需要各级政府、教育主管部门加强认识，重视建设，加大资金的投入，使教室逐步普及交互式电子白板设备。

由于普及涉及资金比较大，遵从避免浪费的原则，新建学校可以考虑全部教室安装交互式电子白板。对课室已经安装其他多媒体设备的学校，建议考虑逐步淘汰旧的多媒体设备，安装交互式电子白板设备。

建议相关部门纳入等级学校的评估或其他学校评估的一个现代化指标中，最好作为一个硬件指标，推进硬件的普及。

2. 民办学校，适当扶持，鼓励安装

民办学校是由国家机构以外的社会组织或者个人，利用非国家财政性经费，面向社会依法举办的学校或其他教育机构。[①]建议政府可以考虑适当采取

---

① 百度百科_民办学校，http://baike.baidu.com/view/52993.htm.

一些扶持的政策或扶持资金，鼓励民办学校安装交互式电子白板，推进教育现代化。

建议纳入等级学校的评估或其他学校评估的一个现代化指标中，但不作为一个硬件指标，只作为一个加分项目，从而逐步推进硬件设施的完善。

二、根据能力水平、学科特点，举行多种形式的培训

从调查中可以发现，大部分教师都是首次培训掌握基本应用后，就直接使用交互式电子白板至今。但是对一些新技术或一些操作相对复杂的功能，很多教师并不了解，造成教师应用水平停留在较低的水平。所以，有必要举行教师交互式电子白板应用技术培训，提高课堂教学应用水平。

1. 根据教师掌握水平分层次培训

根据教师当前已经掌握的交互式电子白板技术水平将培训的内容划分为初、中、高三级。教师可以根据自己的水平，选择合适的培训内容。

初级培训主要针对不会操作或操作不熟练的教师。培训的内容是基本的交互式电子白板应用技术。

中级培训主要针对已经掌握基本交互式电子白板应用技术，需要进一步掌握交互式电子白板技术的教师。

高级培训针对交互式电子白板已经掌握相对熟悉，需要更深入探讨交互式电子白板技术的教师。

2. 根据学科特点安排培训

小学的课程目前主要有语文、数学、英语、音乐、美术、信息、科学、体育、思品等学科，每一个学科都有自身的特点。除了一些通用知识、基本操作可以举行全员培训外，举行交互式电子白板培训还应该根据学科的特点合理安排相应内容，提高教师的积极性。

3. 小团队讲练结合培训

建议培训时最好让教师分成10人左右的小团队。培训主讲教师边讲解，参加培训的教师边实际操作，掌握操作技巧，这样培训的效果最好，效率最高。

三、鼓励教师在课堂教学中积极应用交互式电子白板

"实践是检验真理的唯一标准"，这句话放之四海而皆准。通过培训可以大大促进教师课堂教学交互式电子白板应用水平的提升，但是教师实际操作

水平如何，还需要通过课堂教学实践应用的检验。因此，鼓励教师在课堂教学中积极应用交互式电子白板。

1. 公开课推广

公开课、观摩课、展示课、研讨课等各种性质的对外课堂，具有很强的推广示范作用。提倡公开课教师积极应用交互式电子白板，以点带面，推广交互式电子白板的应用，提升课堂效率。

2. 日常课普及

可以鼓励教师在日常课堂教学时将交互式电子白板的应用与学生学习的主动性、趣味性相融合，通过课堂教学中交互式电子白板的应用，能激发学生学习的积极性，吸引每一个学生参与学习活动，让学生体验更多的学习乐趣和自信。对于教师而言，能使教师获得更多的教学创新空间，能够更细致地关注学生的学习，更快地提升教学评价能力，有助于师生共同成长。[①]

四、组织教师开展多种形式的技术交流、研讨

培训是被动的，需要管理者大范围地组织人员进行相关培训，而且培训无法做到经常性，使得教师在课堂教学实际应用中遇到各种小问题，一时无法得到及时解决，久而久之严重打击了教师的积极性。所以，有必要开展适当的技术交流与研讨。

1. 技术交流解决"小"问题

在平时的课堂教学中，教师遇到一些简单的或基本的技术应用问题，可以与同事进行讨论交流，也可以加入一些交互式电子白板的团队或QQ群与其他老师讨论交流在教学中遇到的问题。

2. 专题研讨解决"大"问题

简单的问题可以通过技术交流及时解决。有一些问题可能得不到及时解决，或者还有疑惑之处，大家可以把问题集中、汇总，定期开展专题研讨活动。研讨活动可以邀请一些专家举行专题讲座、现场答疑。

---

① 刘霞.交互式电子白板环境下地理教学的问题与对策［J］.中国教育信息化，2010（14）.

五、建立丰富多彩的资源库，促进资源的共建共享

教师课堂教学中应用交互式电子白板，必然需要应用各式各样的资源，如动画、视频、音乐、图片、图形、文本、表格等，所以建立丰富多彩的资源库，迫在眉睫。

1.丰富教学资源总库

交互式电子白板本身自带一定的教学资源库，可供教师使用，并提供了资源库管理的功能，支持不同类型资源存储和管理。教师在日常课堂教学应用中应该逐步积累资源，丰富资源库。

2.建立各学科资源分库

每个学科都有自己的学科特点，所使用的教学资源也有自己的学科特色。资源库的建设，也应该根据每一个学科的特点，分别建立学科资源库，方便教师在课堂教学中应用。

3.教师互相合作，资源共建共享

教师面临的问题不仅有缺少合适的教学资源，而且还有如何寻找、利用和共享他人已有的教学资源的问题。这需要教师间加强团队合作，达到资源共建共享，促进教学。

4.建设课堂教学资源网站，方便应用

除了同校教师之间的互相合作外，提倡建立交互式电子白板的教学资源网站，不仅有利于促进校内教师之间交流、应用，也有利于促进本校与其他学校教师之间的资源共建与共享。

六、参与多种形式应用竞赛，促进水平提升

教师课堂教学中应用交互式电子白板能力的提升，还需要教育主管部门或学校组织多种形式的技能竞赛，鼓励教师积极参与，推进技术应用，促进水平提升，以达到事半功倍的效果。

1.鼓励教师参与各级各类的校外应用竞赛

引导教师通过积极参加各级主管部门组织的各类运用交互式电子白板的竞赛，促进教师课堂教学交互式电子白板的应用能力的提升。目前，全国交互式电子白板教学应用比较大型的比赛主要有"全国中小学交互式电子白板学科

教学大赛"，以及"SMART杯交互式电子白板教学应用大奖赛"等。①

2. 组织开展各式各样的校内应用竞赛

能参与各级各类竞赛，尤其是全国竞赛的教师，毕竟还是少数。所以，提倡学校组织开展校内的各式各样的交互式电子白板应用竞赛，促进教师应用水平的提升，如组织一些交互式电子白板的课堂教学应用竞赛（如同课异构竞赛活动等）。

七、科学选择、合理应用，提高课堂效率

教育技术必然随着教育的发展、科技的进步而不断创新。所以，实现教育的现代化，必然要鼓励教师对新媒体新技术进行大胆实践，勇于创新。但这并不意味着全面抛弃传统文化，一味使用新的技术，而应该科学选择、合理应用，提高课堂效率。

1. 注重现代技术与传统文化的合理应用

教师在课堂教学中应用交互式电子白板时，也要注重对一些传统文化内容的传承。因为鼓励使用交互式电子白板，并非意味着抛弃一切传统，教师应该根据教学实际需要，对现代技术与传统文化进行合理应用，这样反而事半功倍。

2. 注重呈现多彩内容与保护学生视力的科学选择

交互式电子白板可以呈现丰富多彩的内容，吸引学生的眼球，引起学生的注意。但是电子白板技术再先进，终究只是一种高级电子显示触摸感应设备，长时间让学生观看会产生视觉疲劳，而且对学生的视力也会有一定影响。

提倡教师在课堂教学中应用交互式电子白板时也要注意劳逸结合，应该合理应用技术，提高课堂教学效率。有时也要有的放矢，让学生的眼睛暂时离开电子白板屏幕一会儿，通过其他适当的方式学习知识，如读读课本、做做实验、看看黑板等。这样合理应用，就能大大提高课堂效率。

---

① 中国电化教育网站http://www.webcet.cn/.

第三章

"新"模式探寻，

转变教育教学方式

第一节　翻转课堂

翻转课堂在小学信息技术教学中的实践
——以《数码照片动手拍》为例

深圳市龙华区龙华中心小学　古兴东

一、引言

信息技术教学一般是讲练结合，课堂上学生先听教师讲授知识要点，然后进行操作练习。但在实际教学中，由于学生知识基础、认知能力、认知结构的差异，不同学生产生不同的教学需求，基础较好的学生希望教师不用讲解，直接练习，但是基础较差的学生希望教师多些讲解。而传统的教学方式造成教师无法顾及所有学生的需要，影响教学效果。面对这种现状，国外可汗学院翻转课堂的成功经验表明，通过网络平台，利用微课等教学资源，引导学生自主学习，可以促进教与学的方式的变革，提高教学效率。因此，可利用翻转课堂破解传统课堂教学中无法对学生进行个性化教学的难题。

随着社会的发展、科技的进步，现在很多家庭都有平板电脑、智能手机等设备。并且现在的学生是信息时代的"原著民"，对各类信息产品的应用都有一定基础，具有一定的自学能力。因此，在小学信息技术课堂教学中，探索翻转课堂教学模式，对转变教育教学方式、提升课堂效率具有现实意义。

二、研究综述

（一）翻转课堂

"翻转课堂"（Flipped Classroom）又译作"反转课堂"，指的是重新调整课堂内外的时间，将学习的决定权从教师转移给学生，让学生按照自己的学习进度在家中听课，然后在课堂上与教师和同学一起解决疑问。在这种教学模式下，教师不再占用课堂的时间来讲授信息，而是有更多的时间与每个学生交流，进行个性化指导。学生也可以根据导学案自主规划学习内容、学习节奏、风格和呈现知识的方式，进行个性化学习。"翻转课堂"颠覆了传统意义上的课堂教学模式，由此引发教师角色、课程模式、管理模式等一系列变革。互联网的发展，催生"翻转课堂"迅速推广、普及。①

（二）国内外研究

从2007年春开始，美国科罗拉多州林地公园高中的化学教师乔纳森·伯尔曼和亚伦·萨姆斯进行了"翻转课堂"尝试，引起了全世界的关注。越来越多的学校和教师加入"翻转课堂"的实践中。②乔纳森·伯尔曼2016年在首届"翻转课堂+国际高峰论坛"上指出翻转课堂已经在美国一半的中学中应用。他还提到翻转课堂的几大关键点：

（1）翻转课堂的核心问题是如何高效地利用面对面的课堂时间。

（2）最关键的是抓住课堂上教师与学生面对面交流的时间点。

（3）翻转课堂是在线教育和面对面授课的完美结合，是很好的"混合"课堂典范。

（4）教师在设计问题时，一定要考虑设计问题的目的和意义，只有明确了这两个基础点，才能设计出提高学生能力、锻炼学生思维、增强学生素质的问题。

（5）当教师走下讲台，从内容教授者变成学习促进者，课堂就会变成一个以学生为焦点的学习中心，这个学习和教学的过程最终将使所有学生受益。③这是伯尔曼的实践经验总结。

目前，国内也有关于翻转课堂的理论研究，如张金磊等提出的"翻转课堂教学模式"和钟晓流等提出的"太极环式模型"。④研究的内容主要是围绕翻转课堂的含义、产生的背景、特征、教学模式的构建等展开。对翻转课堂的学科应用主要集中在英语、语文、化学、信息、数学等科目，以理科居多。在

① 萨尔曼·可汗.翻转课堂的可汗学院：互联时代的教育革命［M］.刘婧译.杭州：浙江人民出版社，2014.

② 胡稀里，杨成.翻转课堂研究综述［J］.中国远程教育，2014（22）.

③ 金陵.中外专家"高峰对话"把脉翻转课堂［J］.中国信息技术教育，2016（10）.

④ 董黎明，焦宝聪.基于翻转课堂理念的教学应用模型研究［J］.电化教育研究，2014（7）.

翻转课堂的实践探索方面，重庆聚奎中学走在了全国的前列，经过试验总结出了翻转课堂实际操作的三个"翻转"、课前四环节、课堂五步骤和六大优势，简称"三翻""四环""五步""六优"[①]。

三、小学信息技术学科翻转课堂模式

（一）翻转课堂模式的基础条件

翻转课堂的研究，离不开一定的理论知识、适当的硬件环境、合理的学习资源，统称翻转课堂研究基础"三大件"。

1. 理论基础

为提升认识，学校组织教师先后聆听了黎加厚教授《微课程的开发、管理与应用》、胡小勇教授《有效翻转课堂的五把金钥匙》、焦建利教授《慕课》、胡铁生主任《微课的制作与应用》等专家相关内容的讲座，提升对"微课、MOOC、翻转课堂"的理论认识。还通过阅读文献，学习、了解翻转课堂涉及的掌握学习理论、建构主义学习理论、最近发展区理论等理念基础。此外，邀请公司介绍网络平台应用、电子导学单设计等。最终对微课的制作与应用、翻转课堂的教学模式、网络平台的作用等，有了一定的思想认识。

2. 硬件基础

翻转课堂的实践离不开硬件环境的支撑。学校在原有的校园网络系统基础上，积极改善网络环境，增加2条出口光纤，建立覆盖全校的Wi-Fi网络。自主开发的校园网站连续2次被评为深圳市五星级网站。目前，又搭建Moodle网络教学平台、引进"电子书包"项目，利用深圳教育云教学应用项目，为开展翻转课堂提供硬件环境的支撑。

3. 资源基础

微课是翻转课堂顺利进行的重要保障。积极开展微课的制作研究，形成丰富的学习资源，有利于翻转课堂的开展。学校多次组织全校各学科教师参加微课校本专题培训，让教师制作微课，提高教师的微课制作水平和应用能力。目前，本校已经建立具有100多节微课的专题学习网站，形成微课专题库，为各学科进行翻转课堂的教学提供了丰富的教学资料。

---

① 张跃国，李敬川."三四五六"：翻转课堂的操作实务［J］.中小学信息技术教育，2012（11）.

（二）翻转课堂应用"三三"模式

为积极探索翻转课堂在小学信息技术课堂教学中的应用，转变学生的学习方式，提升教学效率，经过探索实践，形成小学信息技术学科翻转课堂"三三"模式。第一个三指教师"三部曲"，第二个三指学生"三步骤"。

1. 教师翻转课堂"三部曲"

（1）三部曲之一：制作微课。微课是教师进行翻转课堂最重要的一步。教师可利用手机、录像机或录屏软件将新授的知识点制作成精短的微视频，视频时间一般控制在10分钟以内。

（2）三部曲之二：设计导学单。导学单根据教学需要可以是电子导学单，也可以是纸质导学单。学生如果直接观看微课，会比较盲目，影响学习效果。导学单可以引导学生带着问题自主学习微课，提升学习效率。

（3）三部曲之三：推送网络平台或移动终端。教师把微课发布在网络平台或平板电脑等移动终端上，学生根据导学单在家里利用网络或在学校用平板电脑随时随地进行自主学习。

2. 学生翻转课堂"三步骤"

翻转课堂引导学生先学后教，以学定教。经过探索实践，建立了学生翻转课堂的"学—测—秀"三步模式。

（1）"学"。学生根据导学单，自学教师制作的微课资源，完成导学单内容，进行自主学习。学习的地点自由，既可以是家中，也可以是学校的电子阅览室、电脑室。学习的时间自由，学生可以根据自己的时间灵活安排。学习时长也可以不等，这主要取决于学生不同层次的学习能力和知识水平等。

（2）"测"。通过网络平台进行课前或课中互动小测试、展示导学单完成情况等多种形式的学生评测机制。全面检验、了解学生自主学习的情况，为以学定教做铺垫。

（3）"秀"。学生通过展示作品，汇报交流学习成果。知识掌握较好的学生，通过展示自己的作品可以激发他们的自信心；还没有掌握知识的同学，通过观看其他学生展示的作品，也能从中得到启发、提升。

四、小学信息技术采用翻转课堂教学的案例应用

本文以中国信息技术教育杂志社编著的小学五年级信息技术下册第三课《数码照片动手拍》为案例，开展翻转课堂的教学实践。

（一）确定教法

1. 教学分析

本课的主要教学目标是让学生认识数码相机，学会拍摄数码相片，掌握把相片导入电脑的方法。教学对象是五年级的学生，他们已有一定的自学微课视频的能力。而且随着社会的发展，不少学生对数码相机、平板电脑等电子产品有了一定的认识，有些学生还能用数码相机、手机、平板电脑等进行拍照。

2. 教学目标

（1）知识与技能目标：了解数码相机，能拍摄数码相片及导入电脑。

（2）过程与方法目标：体验发现问题、分析问题、解决问题的过程。

（3）情感态度与价值观目标：学会分享交流，提高对新技术的认识和兴趣。

3. 教学方法

对本节课的教学采用翻转课堂的形式，课前将本课的三个教学目标内容制作成三个微课视频，并发送至学生的平板电脑和学校网络平台中，引导学生根据导学单，在家登录学习网站或在校利用平板电脑自主学习微课，尝试拍摄数码照片。课中巧用电子白板的交互功能，让学生在轻松、愉快的氛围中巩固知识、动手实践、分享交流。通过翻转课堂"三部曲"——制作微课、设计导学单、推送至网络平台，转变教学方式，达到促进学生自主学习、提高课堂效率的目的。

（二）教学过程

在翻转课堂的教学中遵循以"学生为主体，教师为主导"的教学理念，本节课的教学过程主要分为教师"三部曲"和学生"三步骤"两大环节。

1. 教师"三部曲"

（1）制作微课：将本课的教学目标，分解成"认识数码相机、学会拍摄数码相片、掌握把相片导入电脑的方法"三个知识点，分别制作成微课。

（2）设计导学单：根据制订的教学目标，精心设计学生导学单。方便学生依据导学单进行自主学习。

（3）推送至网络平台或移动终端：将制作好的三个微课视频发布至学校网络平台，同时存储于学生的平板电脑中，方便学生在家随时通过网络学习或在校利用平板电脑学习。

2. 学生"三步骤"

（1）"学"。课前，通过任务驱动，要求学生根据导学单任务，进入学习网站或利用平板电脑自主学习微课。学生通过自主学习了解数码相机、掌握拍摄方法，并能以"美丽校园"为题自己尝试拍摄数码照片。

"学"是信息技术教学中学生翻转课堂"三步骤"的第一步。主要是引导学生自主学习，解决教学重点。

（2）"测"。课中，依据"以生为本"原则，通过一些互动练习、实践检测活动，检验学习成果。让学生在体验中学习，在学习中体验。

首先，使用交互式电子白板的"探照灯"工具，选择一个合适图形，在图片中圈选一小块区域，露出图片的一小部分，吸引学生，引导学生进行观察。学生通过观察，积极猜测，老师在此过程中灵活拖动"探照灯"增加显示区域，以便提供更多图形信息。如果学生猜的内容与实际图片相差较远，可以继续拖动"探照灯"到其他区域或扩大显示面积，以显示更多图片信息，直到学生完成猜测。最后显示完整图片，检验猜测结果是否正确。

接着，利用交互式电子白板的互动功能，设计各种练习，检验学生课前自主学习微课的情况。例如，设置认一认环节：让学生说出数码照相机各部分的准确名称，利用"放大镜"功能检验是否正确，激发学生的兴趣。"拖一拖"环节：让学生将正确内容直接拖到适当的位置上，如果拖对则显示在正确位置上；如果不对，将自动退回原来位置。"连一连"环节：让学生在图片与正确的名称之间进行连线。"说一说"环节：让学生说说拍摄数码照片时应该注意的问题。

这一环节是信息技术教学学生翻转课堂"三步骤"的第二步"测"。以实现学生在玩中学、在测中学，主要目的是通过互动交流进行检测，激发学生的学习兴趣，为下一步互动学习做铺垫。

（3）"秀"。实践是检验真理的唯一标准。鼓励学生自己动手实践导入电脑。学生每4人为一组，根据微课及书本知识，尝试将自己拍摄的数码照片导入手提电脑中。小组同学首先互相"秀"，互相欣赏作品。接着组内学生挑选一幅参与全班"秀"。最后，鼓励学生课后拍摄数码照片向父母或朋友"秀"。

这一环节通过学生自主动手实践，解决本课的教学难点，同时让学生学会分享交流，同时提升审美观，进行激励评价。这也是信息技术教学翻转课堂"三步骤"的第三步"秀"。

五、教学效果

在6个五年级班级中，各挑选3个班分别进行传统教学和翻转课堂教学实践，然后对两种教学效果进行对比。其中，翻转课堂教学模式下学生掌握技术拍摄作品的优秀率为72%，而传统教学模式下学生的优秀率为38%。我们发现在采用翻转课堂的教学中，因为巧用微课、白板、平板电脑等新媒体新技术，引导学生自主学习，原本枯燥无味的知识介绍课变得趣味横生。在轻松、愉快的氛围中，转变了师生的教学模式，促进了学生学习习惯的转变，提高了课堂效率。

探索微课应用　助力翻转课堂

深圳市龙华区龙华中心小学　古兴东

图1　学生利用平板电脑观看微课进行自主学习

一、引言

1. 学校概况

龙华中心小学是一所信息技术特色鲜明的学校，在深圳市信息技术教育领域有较大的影响力。近年来，在历任校长的带领下，学校以"教育信息化带动教育现代化"为核心理念，争当有使命感的教育信息化领跑者，高度注重信息技术与学科教学的深度融合，勇于尝试各种新媒体、新技术在教学中的创新应用，积极探索"智慧校园"建设。

学校先后被授予"全国信息技术创新与实践先进单位""全国百佳校园电视台""广东省现代教育技术实验学校""深圳市首批现代教育技术实验学校""深圳市教育云项目（智慧校园）试点学校""深圳市第一批智慧校园示范学校""深圳市五星级网站""龙华新区首批智慧校园建设试点学校"等称号。

2. 智慧校园建设的概况

学校重视完善硬件设施，搭建基础平台。新建"一体化"机房、教室"智能管控"系统、"云桌面"办公电脑、触屏一体机等；引进"电子书包"项目、3D打印机、书香点读机、触屏电子棋、iPad智能推送系统、电子学生证等；建有"索贝"录播系统、Iclass自动追踪录课系统、双拼宽屏电影投影等；实现全校Wi-Fi覆盖。

同时，注重信息技术与学科教学深度融合，转变教学方式。推广制作"微课"，探索教学应用，尝试"翻转课堂"；自主开发校园门户网站、Moodle网络教学平台、博客系统；建立校本"微课"专题资源、Scratch魔法学堂、快乐习字等平台；购置红领巾数字图书馆、3D打印软件、动画制作软件、卓帆考试系统、智乐园资源库等。

3. 智慧校园建设的理念

"智慧校园"是一套应用先进信息技术推动学校教育改革创新与整体发展的系统，是信息技术与教育教学全面深度融合的产物。"智慧校园"的核心理念是基于互联网、物联网、云计算、大数据四大技术促进人与校园的融合，促进人与信息系统的融合，促进校园实体和信息系统的融合。

学校以创建"智慧校园"为抓手，积极探索形成信息技术环境下教育教学新模式、新方法，促进科技与教育的全面深度融合，提升学校信息技术应用水平，发挥教育信息化的优势，促进学校的跨越式、可持续发展。尤其近年来积极探索"微课"应用，助力"翻转课堂"，转变教学方式，构建智慧教育教学模式。

4. 特色项目的背景与缘由

《国家中长期教育改革和发展规划纲要（2010—2020）》明确指出："信息技术对教育发展具有革命性影响，必须予以高度重视。"《教育信息化十年发展规划（2011—2020年）》制定"深度融合，引领创新"的工作方针，要求探索现代信息技术与教育的全面深度融合，以信息化引领教育理念和教育模式的创新。

目前，国外可汗学院翻转课堂的成功经验表明，通过网络平台，利用微课等数字资源，引导学生自主学习，可以极大促进教学方式的变革，提高教学效率。因此，学校通过自主开发Moodle网络教学平台，引入"电子书包"项目等，在学科教学中积极探索微课应用，助力翻转课堂，促进教学方式的转变，创建智慧教育教学模式。

二、微课支持下的翻转课堂案例设计

案例设计：探索微课应用，助力翻转课堂

关于"微课"，不同的学者有不同的定义。上海师范大学黎加厚教授认为微课一般指时间在10分钟以内，有明确的教学目标，内容短小，集中说明一个问题的小课程。"微课"的核心组成内容是课堂教学视频，同时还包含与该教学主题相关的教学设计、素材课件、教学反思、练习测试及学生反馈、教师点评等辅助性教学资源，它们以一定的组织关系和呈现方式共同"营造"了一个半结构化、主题式的资源单元应用"小环境"。因此，"微课"既有别于传统单一资源类型的教学课例、教学课件、教学设计、教学反思等教学资源，又是在其基础上继承和发展起来的一种新型教学资源。

"翻转课堂"又译作"反转课堂"，是指重新调整课堂内外的时间，将学习的决定权从教师转移给学生。在这种教学模式下，教师不再占用课堂的时间来讲授信息，这些信息需要学生在课后自主学习，他们可以看视频讲座、听播客、阅读功能增强的电子书，还能在网络上与别的同学讨论，能在任何时候去查阅需要的材料；教师也能有更多的时间与每个学生交流。在课后，学生自主规划学习内容、学习节奏、风格和呈现知识的方式，进行个性化学习。"翻转课堂"颠覆了传统意义上的课堂教学模式，由此引发教师角色、课程模式、管理模式等一系列变革。互联网的发展，促进了"翻转课堂"的迅速推广与普及。

为有效促进微课的教学应用，助力翻转课堂，学校成立课题组，组织各学科制作丰富多彩的微课，精心设计电子导学单，探索微课应用，开展"翻转课堂"的应用研究。同时，积极改善网络环境，在原来的教育光纤基础上，增加了2条光纤，建立了覆盖全校的Wi-Fi网络。自主搭建Moodle网络教学平台，引入电子书包项目，建立微课专题库，设计电子导学单等。学生可以充分利用网络教学平台在家中或在学校的电子阅览室、电脑室的平板电脑、学生机等进行自主学习。各学科开展基于自主开发的Moodle网络教学平台，探索微课应用，促进学生自主学习的教学活动。

案例：

五年级信息技术《数码照片动手拍》

1. 教学准备

根据教学目标，制作微课，设计导学单，发布于学习网站，同时存储于平板电脑中。

2. 教学过程

遵循"以学生为主体，教师为主导"的教学理念。

（1）课前：任务驱动自主学习。

鼓励学生根据"导学单"任务在家里进入学习网站进行自主学习，家里没有电脑或网络不通的学生可以在学校利用学校提供的平板电脑学习微课视频，并以"美丽校园"为题自己尝试拍摄数码照片。

（2）课中：互动练习实践交流。

创设"猜—玩—试—秀—拓"五个环节，引导学生自主探究、亲身实践。这五个环节，依据"以生为本"的原则，环环相扣，层层递进。

环节一：我来"猜"——游戏激趣，导入主题

上课伊始，使用电子白板的"探照灯"功能，露出图片一部分，吸引学生的注意。

环节二：我会"玩"——互动练习，巩固知识

新课标提倡"玩中学"。因此，巧用电子白板功能，设计各种互动练习。例如，"认一认、拖一拖、连一连"，让学生说出数码相机各部分的名称，巧用"放大镜"进行检验，引起学生注意。通过互动练习，让学生"在玩中学，在学中玩"。

环节三：我想"试"——动手实践，小组交流

实践是检验真理的唯一标准。学生每4人为一小组，根据微课内容及书本知识，尝试将自己拍摄的数码照片导入手提电脑中。让学生通过动手实践，解决本课的教学难点。

环节四：我要"秀"——分享交流，评价激励

鼓励学生将自己拍摄的图片进行全班"秀"。对作品进行展示评价，让学生体验成功的喜悦。让学生学会分享交流，体验成功的喜悦。

环节五：我能"拓"——归纳总结，学以致用

让学生说说本课的收获，锻炼学生归纳总结的能力。同时，鼓励学生学以致用，拓展延伸，课后拍摄数码照片与父母或朋友欣赏、交流。

图2　2014年2月学生利用平板电脑学习《数码照片动手拍》的情景

三、微课支持下的翻转课堂实施过程

"智慧校园"的建设关键是创建"智慧教学"。因此，学校高度注重信息技术与各学科教学的深度融合，以信息化引领教育理念和教育模式的创新，充分发挥教育信息化在教育改革和发展中的支撑与引领作用。以"微课"的制作与应用为核心，尝试"翻转课堂"，引导学生自主学习，促进教学方式的变革。实施过程中主要有以下几个环节：

1. 更新思想观念，提高认识水平

2013年至今，先后组织各学科骨干教师参加全国"翻转课堂"实验班教学实践指导专场、全国数字校园专题、深圳市"微课"专题、深圳市"电子导学单"应用等各级各类有关"微课、MOOC、翻转课堂"等专题培训。

先后聆听了上海师范大学黎加厚教授，华南师范大学焦建利教授、柯清超教授，佛山胡铁生主任，重庆聚奎中学张渝江主任等国内"微课、翻转课堂"领域的知名专家所做的《翻转课堂与微课程设计》《微课的制作与应用》

《翻转课堂实施的方法和途径》等讲座、专题报告；也聆听了重庆市聚奎中学、苏州工业园区翰林小学、江苏省常州市田家炳中学等"翻转课堂"应用先进学校的经验介绍，并深入课堂观看教学应用。

此外，还查找了相关杂志、书籍等文献，掌握已有"翻转课堂"的研究成果，并关注国内外的最新研究成果。通过文献的收集、整理和综合分析，借鉴其中有价值的内容，甚至邀请"习网"公司介绍网络平台应用、电子导学单设计等，形成了一定的理论基础。

在骨干教师形成了一定的理论基础后，2013年起，组织校内"微课"研讨、开设讲座，推广应用。鼓励各学科骨干老师参与培训，受到与会老师的一致好评。因此，在2014年，设立"语文、数学、英语、综合"四个学科专场，组织"微课"全员校本培训，极大促进了教师对"微课""翻转课堂"的认识。

此外，还赴帮扶学校龙岗宝岗小学、三联永恒学校等地，举行"微课"讲座，宣传、普及"微课"知识，推广"微课"制作与应用，发挥区域影响示范作用。

2. 搭建硬件环境 打造基础平台

"微课""翻转课堂"的探索与实践，离不开各类硬件环境的支撑。学校建有完善的校园网络系统、视频直播系统，拥有100兆网络出口，2014年实现全校无线网络（Wi-Fi）覆盖。所有班级及主要功能室均安装触屏一体机、交互式电子白板、短焦投影机等。引入"电子书包"项目，在四年级开展教学实验。

学校还建有校园电视台，拥有一套"索贝"录播系统、一套Iclass自动追踪录课系统，以及双拼宽屏电影幕、视频新闻墙幕、平板学习电脑、互动式点读机、触屏电子棋等设备、设施。设有网络总控室、电视演播室、综合电教室及三个电脑室等功能场所。

为促进"智慧校园"的建设，同时结合学校的改扩工程，目前新建一体化机房和全校48个班级的智能管控系统，实现对班级电教平台的远程控制、微课视频播放、能效监督、管理等功能。

通过广搭硬件环境，为探索"微课"的制作与应用，实现"翻转课堂"创造了良好的基础平台。

3. 精心制作微课，丰富学习资源

在丰富的软件、完善的硬件支撑下。2013年开始，组织教师探索"微课"的制作，尝试设计各类"微课"。先从懂技术的信息技术学科开始，然后带动各学科骨干教师，最后推广到全校各学科老师。

为进一步推动制作水平，鼓励教师制作更多更精美的"微课"，2014年，开展龙华新区立项课题《小学微课的制作与应用》研究。积极组织各科教师参与各级各类"微课"大赛，发挥以赛促进制作水平提升的功能。

2013年，组织各学科19名骨干老师制作了37节"微课"，上传市电教馆网站在线展示，参加深圳市首届"微课"大赛，初战告捷，最终有11节"微课"分获一、二、三等奖。

2014年，冼敬高老师制作"微课"参加深圳市多媒体软件大赛获一等奖，参加全国多媒体大奖赛获二等奖；同年8月，赴济南参加全国信息技术创新与实践活动获"微课"评优活动二等奖。组织各学科42名老师制作49节"微课"，上传市电教馆参加第二届"微课"大赛，再获佳绩，共有17节分获一、二、三等奖，其中一等奖4节，学校获优秀组织奖。

2015年，语文、英语2节"微课"经市、区选拔，推荐参加全国多媒体大奖赛广东省初赛评选活动。最近，学校承担深圳市第三届微课大赛专题培训会暨启动仪式，并组织各学科教师制作微课。

截止到目前，学校已经建设了有100多节"微课"的专题学习网站，为"翻转课堂"提供了丰富的教学资料。

4. 设计"电子导学单"，促进微课应用

电子导学单，是引导学生利用"微课"进行自主学习的重要方式。因此，学校多次组织骨干教师参与市教科院组织的"电子导学单"培训，提升老师的设计水平。此外，还积极邀请"习网"公司一站式网络教学平台技术人员到校介绍网络平台应用、电子导学单设计等。

为进一步推广"电子导学单"，组织校本专题培训会。让老师进一步明确"什么是电子导学单、如何设计电子导学单"等核心问题。通过设计"电子导学单"，促进了"微课"应用。2014年，学校组织了各学科29名老师，制作了35节电子导学单参加深圳市教科院组织的首届"电子导学单"比赛。最终有30节分获一、二、三等奖，是全市获奖最多的学校。其中获一等奖的有5节，占全市获奖学校的近三分之一。

通过设计电子导学单活动，提升了教师对电子导学单的认识，提高了设计能力，有效促进了信息技术与学科的深度融合，也为利用"微课"的应用及"翻转课堂"的探索做好了铺垫。

5. 引入"电子书包"，探索翻转课堂

为激发学生的兴趣，提高学生学习的积极性，早在2011年，学校积极尝试引入"平板电脑"等新媒体新技术，开展课堂互动教学应用研究。

为更深入开展教学互动，2015年又引入"诺亚方舟"电子书包项目，在语文、数学、英语等学科中开展课堂实际应用实验。在"电子书包"项目中，由于提供了丰富多彩的"微课"等数字资源，学生可以充分进行自主学习，并进行测试，及时得到反馈，极大地促进了学生学习方式的转变，受到师生的好评。

多次组织利用平板电脑自主学习"微课"，尝试"翻转课堂"，开展促进学生自主学习的研讨课、观摩课。2014年5月，录像课例获全国第七届中小学互动课堂教学大赛一等奖；8月，赴济南山东大学参加信息技术创新与实践大赛获教学实践评优二等奖；12月，录像课例获深圳市新媒体新技术录像课例一等奖。2015年，录制课例获全国第八届中小学交互课堂教学大赛一等奖，并作为获奖代表，进行全国说课展示获二等奖。

通过引入基于平板电脑应用的"电子书包"项目，利用"微课"，尝试"翻转课堂"，有效促进了教师教学方式的转变，激发了学生学习的积极性。

图3 "电子书包"实验班学生观看平板电脑中的微课进行自主学习

6. 引入深圳教育云，促进教学应用

2016年，我校积极申报深圳教育云项目教学试点工作，2017年，最终通过评选，成为龙华区唯一一所试点学校。2017年3月，深圳市教育局张来临副局长给我校授牌。深圳教育信息技术中心杨焕亮主任率领教育云项目团队到学校指导教育云应用。

我校成立了由校长任组长的深圳教育云项目教学应用领导小组。以深圳教育云应用为契机，利用校本培训时间，组织全体教师专题培训。通过培训转变教师的理念，提升信息技术应用能力，促进教育教学方式变革。

我校还成立了由语文、数学、英语、科学、信息等各学科近20名骨干教师组成的深圳教育云应用实验团队，在科大讯飞技术人员的指导下，进行操作实践，探索课堂应用，尝试翻转课堂。2017年6月，举行全市教育云应用展示，探索基于教育云平台的翻转课堂应用。

7. 搭建Moodle平台，转变学习方式

网络平台是提高教学效率，促进均衡发展的有效手段，学校自主开发、设计了校园门户网站、教师和班级博客、作业发布等系统，涉及十多个栏目，连续两次被评为深圳市"五星级"网站。

为更好地促进学生学习，2015年年初，我校参加了市教科院组织的MOOC培训活动，尝试自主搭建Moodle网络教学平台，为"微课、翻转课堂"提供了网络支撑环境。

我校多次组织研讨会，鼓励各学科教师利用Moodle网络教学平台，自主开发设计网络课程，上传"微课"资源，作为学生自主学习的内容。利用Moodle网络教学平台，先后建立、制作了"SCRATCH魔法学堂、信息技术学科、语文学科"等网络学习课程。

此外，我校积极开展了网络环境下的应用研究，促进了教育教学变革，转变了学生的学习方式；先后参与了"网络环境下小学'翻转课堂'的应用研究""广域网信息化环境下简单、便捷、易普及的中小学高效课堂操作模式的研究"课题的研究。

利用自主搭建的Moodle网络教学平台，开发自主学习课程，上传"微课"学习资源，有效转变了学生学习方式，促进了"翻转课堂"的实现。

四、微课支持下的翻转课堂研究成果

学校探索"微课"应用，助力"翻转课堂"，致力构建"智慧教学"，转变教学方式，促进信息技术与学科教学的深度融合。先后开展了由王讲春校

长与古兴东副主任联合主持的广东省教育科学"十二五"规划2014年度教育信息技术研究项目立项课题"网络环境下小学'翻转课堂'的应用研究"研究及龙华新区"小学微课的制作与应用研究"等相关课题研究。

图4　2015年6月省"十二五"规划课题
"网络环境下小学'翻转课堂'的应用研究"开题会

近3年来，在市级以上各类比赛中先后有31节微课、30节电子导学单、4节"翻转课堂"录像课例获奖。其中，2014年、2015年连续两年获全国互动课堂教学大赛一等奖。主要成绩如下：

（1）2013年12月，组织各学科教师制作的11节微课获深圳市教育局组织的首届微课大赛一、二、三等奖。37节微课在深圳市电教馆在线展播。

（2）2014年5月，应用微课，进行翻转课堂教学课例《数码照片动手拍》获中央电教馆组织的"2014年新媒体新技术暨第七届全国中小学互动课堂教学大赛"一等奖。

（3）2014年8月，"翻转课堂"课例及制作的微课参加在济南举行的"全国第十二届信息技术创新与实践活动"均获二等奖。

（4）2014年12月，组织各学科教师制作17节微课获深圳市第二届微课大赛一、二、三等奖，其中一等奖4个，学校获优秀组织奖。

（5）2014年12月，"翻转课堂"课例获深圳市2014年新媒体新技术一等奖。

（6）2014年12月，冼敬高老师制作的微课获深圳市一等奖，推荐参加全国多媒体大奖赛获二等奖。

（7）2015年5月，应用微课，引导学生自主学习的"课内小翻转"模式录像课例获中央电教馆组织的"2015年新媒体新技术暨第八届全国中小学互动课堂教学大赛"一等奖，并作为获奖教师代表，应邀赴青岛进行说课展示，获二等奖。

（8）2015年7月，颜艳、肖友花老师制作的微课经市、区选拔推荐参加广东省多媒体大奖赛初赛。

这些课程由于成效显著，业绩突出，先后应邀在市信息技术成果交流大会、市优质数字教学资源建设、龙华新区信息技术专题会议等做经验介绍。2015年4月，东莞厚街教育信息化访问团到校参观，对学校所取得的成绩大加赞赏。在即将举行的深圳市第三届微课大赛专题培训会暨启动仪式上，学校应邀做微课的制作与应用经验介绍。

学校先后荣获全国信息技术创新与实践先进单位、全国百佳校园电视台、全国校园媒体百佳示范校、全国电影课示范学校、广东省现代教育技术实验学校、深圳市首批现代教育技术实验学校、深圳市第一批"智慧校园"示范学校、深圳市优质数字教学资源共建基地、宝安区优秀现代教育技术实验学校、龙华新区"智慧校园"试点学校等荣誉称号。信息技术科组先后在2009年、2014年两次被深圳市教科院评为"深圳市信息技术学科示范教研组"称号。

五、微课支持下的翻转课堂反思提升

各学科利用建立的Moodle网络平台、平板电脑等积极探索微课应用，助力翻转课堂，取得了一定的成效。教师们也及时进行反思、总结，认为基于网络平台，开展微课的应用，利用平板电脑进行翻转课堂探索，有效促进了学生的自主学习，学生收获多多。

反思：

巧用技术促学习　翻转课堂提效率

通过实际教学前后的对比，本课存在两点显著变化。一是学生的学习状态，令人欢欣鼓舞。无论是课前自主学习微课、拍摄数码照片，还是课中互动练习，实践交流，学生都是积极参与，踊跃尝试。

二是实际教学效果，令人刮目相看。在互动练习环节，原本预设可能会出错，因此巧用白板设计了拖错自动返回，但在实际教学中全部正确。还有动手导入电脑环节，原估计首次实践可能问题较多，实际上学生基本能自己完成。

本课巧用微课、白板、平板电脑等新媒体新技术，尝试翻转课堂，原本枯燥无味的知识介绍课变得趣味横生。学生在轻松、愉快的氛围中自主学习，掌握知识，从而转变教学方式，提高课堂效率。

用四句话概括：

> 课前微课促学习，
> 平板电脑拍照片；
> 课中白板增互动，
> 翻转课堂提效率。

六、总结与展望

未来学校将以"智慧校园"建设为契机，创建"智慧教学"，继续深入探索"微课"应用，助力"翻转课堂"，促进信息技术与学科教学的深度融合，达到转变教育教学方式的目的。

重点是精心制作微课，利用Moodle网络教学平台，自主开发"微课程"。从信息技术学科开始，引领其他学科也尝试制作微课程，推广应用，并进行"翻转课堂"教学模式探索。通过"智慧校园"建设，为学校教育教学的发展插上飞翔的翅膀。

📖 参考文献

［1］萨尔曼·可汗.翻转课堂的可汗学院：互联时代的教育革命［M］.刘婧，译.杭州：浙江人民出版社，2014.

［2］赵国栋.微课与慕课设计［M］.北京：北京大学出版社，2014.

［3］容梅，彭雪红.翻转课堂的历史、现状及实践策略探析［J］.中国电化教育，2015（7）.

［4］金陵.微课程教学法，助推翻转课堂走向成功［J］.中国信息技术教育，2015（6）.

小学微课的制作与应用初探

深圳市龙华区龙华中心小学　古兴东

近年来，微课、慕课、可汉学院、翻转课堂的出现，引起了世人的极大关注，越来越多的学校和教师加入实践中，积极探索应用，取得了显著成效。由此，世界上也刮起一股"微课的制作与应用"之风。

学校作为广东省现代教育技术实验学校，以教育信息化带动教育现代化为总体理念，争当有使命感信息技术教育的领跑者，高度注重信息技术与各学科教学的深度融合。勇于在教学中尝试各种新媒体新技术，引导学生自主学习，转变教学方式。

特别是近几年来，根据学校实际情况，我积极探索微课的建设与应用，尝试"翻转课堂"，形成"一个核心，二个基础，三种途径"。现就有关做法与探索过程与大家分享交流，意在抛砖引玉。

一、紧扣"微课"一个核心

小学各学科如何制作微课，如何在课堂教学中应用微课，如何进行"翻转课堂"实践……一系列问题需要我们解决，而归根结底，最核心的是"微课"，包括其制作与应用，二者相辅相成。

因此，我们开展了"小学微课的制作与应用研究"课题研究。此课题也获得了龙华新区立项，组织各学科教师探索"微课"的制作，尝试精心设计各类"微课"，并以赛代练，通过组织参加各类比赛促进教师微课制作水平的提升，为微课应用，探索"翻转课堂"做好铺垫。

2013年，参加市首届"微课"大赛，初战告捷，最终有11节获奖。另外，参加市多媒体软件大赛获一等奖，参加全国多媒体大奖赛最终获二等奖。

2014年，参加市第二届"微课"大赛，再获佳绩，共有17节获奖，其中一等奖4节，学校获优秀组织奖。赴济南参加全国信息技术创新与实践活动，"微课"评优活动获二等奖。

2015年，有语文、英语2节"微课"经过选拔推荐参加全国多媒体大奖赛广东省初赛评选活动。截止到目前，学校已经建设具有100多节"微课"的专题学习网站，为微课的应用提供了丰富的教学资料。

二、夯实"软硬"两个基础

1. 搭建硬件环境，打造基础平台

"微课、翻转课堂"的探索与实践，离不开各类硬件环境的支撑。学校建有完善的校园网络系统，新建了一体化机房，实现全校无线网络覆盖。拥有一套"索贝"录播系统、一套Iclass自动追踪录课系统，以及双拼宽屏电影幕、视频新闻墙幕、平板学习电脑、互动式点读机等设备、设施。目前正在建设班级的智能管控系统，引入电子书包项目。

2. 更新思想观念，提高认识水平

事在人为，近几年学校先后组织各学科骨干教师参加了全国"翻转课堂"实验班教学研讨、全国数字校园、深圳市"微课"专题培训、上海建平中学信息技术与课程改革国际高峰论坛等培训。

同时，学校组织各学科骨干教师先后聆听了美国林地中学翻转课堂创始人乔纳森·伯格曼，上海师大黎加厚，华南师范大学焦建利、柯清超、胡小勇，华东师范大学祝智庭等专家的精彩报告，还聆听了重庆市聚奎中学等"翻转课堂"应用优秀学校的经验介绍。

此外，在骨干教师形成了一定的理论基础的条件下，发挥传帮带作用；并多次组织"语文、数学、英语、综合"等专场"微课"全员校本培训；还赴帮扶学校龙岗宝岗小学举行"微课"讲座，发挥区域影响示范作用。

三、巧妙应用三种途径

1. 引入"电子书包"

为激发学生的兴趣，提高其学习的积极性，学校积极尝试在课堂教学中引入"电子书包"项目，在各学科中开展应用实验。由于提供了丰富多彩的"微课"等数字资源，学生可以充分进行自主学习，极大地促进了学生学习方式的转变，受到了师生的好评。

探索利用平板电脑引导学生自主学习"微课"，尝试"翻转课堂"教学应用。2014年，微课应用课例获全国第七届互动课堂大赛一等奖，全国信息技术创新大赛教学实践评优获二等奖，获深圳市新媒体新技术录像课例一等奖。2015年，录制课例再获全国第八届中小学交互课堂学科教学大赛一等奖。

2. 搭建Moodle平台

毕竟只有实验班才应用电子书包，而网络具有高效性，学校网站两次被评为深圳市五星级网站。为有效促进应用，学校自主搭建了Moodle网络教学平台，开展了"网络环境下小学'翻转课堂'的应用研究"课题研究。

鼓励各学科教师利用Moodle网络教学平台，自主开发设计网络课程，先后建立"SCRATCH魔法学堂、信息技术学科、语文学科"等网络学习课程。

3. 设计"电子导学单"

电子导学单，是引导学生利用"微课"进行自主学习的重要方式。因此，学校组织骨干老师参与市教科院组织的培训，提升其设计水平。此外，学校还积极邀请公司一站式网络教学平台技术人员到校培训等。

2014年，学校组织了各学科29名老师，制作了35节电子导学单参加深圳市首届"电子导学单"比赛。最终有30节获奖，是全市获奖最多的学校。其中一等奖有5节，占该奖项获奖数量的近三分之一。

四、实践探索硕果累累

学校致力于构建"智慧课堂"，探索"微课"应用，助力"翻转课堂"，转变教学方式，促进信息技术与学科教学的深度融合，效果显著，成绩突出。

近年来，在市级以上各类比赛中先后有31节"微课"、30节"电子导学单"、4节"翻转课堂"录像课例获奖。其中2014年、2015年连续两年获全国互动课堂教学大赛一等奖。作为获奖教师代表，本人应邀赴青岛进行说课展示。先后参与3个相关课题研究，其中"网络环境下小学'翻转课堂'的应用研究"课题，获广东省教育科学"十二五"规划2014年度教育信息技术研究项目立项。

同时，学校多次在市、区各级信息技术交流大会进行经验介绍。2015年，东莞厚街教育信息化访问团到校专访、参观，对我校的信息建设大加赞赏。学校先后荣获全国百佳校园电视台、深圳市第一批"智慧校园"示范学校、深圳市优质数字教学资源共建基地、龙华新区"智慧校园"试点学校等荣誉称号。信息技术科组2014年被评为"深圳市示范教研组"，2015年获"深圳市特色科组"称号。

通过积极探索微课的制作建设与应用，有效促进了信息技术与学科教学的深度融合，推动了"翻转课堂"在教学中的实践应用，达到了转变教育教学方式的目的，为学校教育教学的发展插上了飞翔的翅膀。

第二节 教育"云"

深圳教育云应用探索与实践

深圳市龙华区龙华中心小学 古兴东

一、智慧校园：学校教育信息化现状

学校是一所教育信息化特色鲜明的品牌学校，历来高度重视教育信息化工作，积极探索信息技术与学科教学的深度融合，以教育信息化带动教育现代化，促进学校的可持续、内涵式发展。

特别是近年来，学校开始从智慧教学、智能管理、多彩校园三个维度创建智慧校园。学校先后建设了未来学习体验中心、创客空间，引入电子书包、云桌面电脑室、探索翻转课堂等，建立了体验、探究学习平台；建立了教室智能管控系统、智能一卡通、微信OA平台等，创建了智能、高效的管理系统；实现全校无线网络覆盖，校园新建一体化机房，安装了书香点读机等，打造了一个互动、多彩的校园环境。

学校先后获全国信息技术创新与实践先进单位、广东省现代教育技术实验学校、深圳市首批智慧校园示范学校、深圳市最具变革力学校等各级称号。

二、云领教学：深圳教育云应用情况

在当今的"互联网+"时代，我们认为教育云是促进信息技术与学科教学融合的重要方式。因此，我们以深圳教育云应用为契机，开始积极探索学科教学应用。

"问渠那得清如许，为有源头活水来。"因此，我们做了以下尝试：

（一）建立"一二三"模式

1. 形成一个机制

就是定时轮流坐庄制。由语文、数学、英语、科学、信息等学科老师组成实验团队，每周固定举行一次集体研讨活动，一般周五上午由实验团队中的老师轮流负责组织。通过这个机制让每个参加实验团队的老师都能当家做主，激发老师的主人翁精神。

2. 成立两支队伍

（1）成立领导小组：由学校校长亲自挂帅，担任组长，统筹教育云应用。组员包括主管教学的副校长及负责教学、教育信息化、课题研究的行政人员。具体由主管教育信息化的行政人员专门负责。

（2）组建实验团队：包括由语、数、英、信息、科学等骨干教师及教育云技术专家组成的实验团队。

两支队伍相辅相成，形成合力，有效推动教学试点。

3. 固定三项活动

（1）要求人人上好一节课。一学期内最少上一节教育云应用展示课。

（2）鼓励人人有所新发现。不断探索教育云新的应用、新的技术。

（3）提倡人人参与写总结。每次活动进行梳理，报道宣传；期末反思，总结等。

（二）创设多样性活动

有了上面的机制保障，学校开展了内容丰富、形式多样的云应用研讨活动。

既有全校普及培训，也有实验团队操作练习；既有邀请东北师大、市教育信息中心、区各学科教研员等专家指导，又有技术公司的内容介绍；既有说课展示、比赛，又有上课交流、研讨；既有向惠来校长、紫金县教研员的展示，又有在全区研讨会上的交流；既有本校实践探索，又有外出学习提升。

截止到6月16日，学校共组织18次各类集体研讨，29节展示课，涉及语文、数学、英语、科学、信息等5个学科，10位教师参与。师生积极应用教育云平台，其中老师登录306次，学生登录366次，教学助手登录543次，作业通登录1302次，班级圈登录1198次。

（三）总结教育云应用

1. 云应用对教学的促进

深圳教育云是云技术在教育领域中的创新应用，通过一段时间的使用和研究，我们发现相较于传统的教学模式，教育云平台的优势主要有以下几点：

（1）丰富的资源：资源内容覆盖国内多家主流出版社教材版本，包含教材、题库、电子课本等，形成了丰富的资源体系。

（2）及时的反馈：答题宝的运用便于教师掌握学生的学习情况，学生们运用答题宝在课堂上回答问题，完成课堂作业，教育云平台能够及时分析学生的答题情况，及时反馈，教师能够根据实际情况及时调整教学方向，让课堂更有效率。

（3）趣味的教学：在课堂上，通过翻翻卡、连一连等形式，学生乐于参与课本的学习，增加了学习的趣味性。

（4）多彩的作业：作业通让家长能够参与到教学活动中，也让学生在教室以外能学习课本知识。更主要的是通过互相展示、互相点赞，让学生更享受课外作业带来的收获。

2. 云应用的改进建议

教育云带来了诸多便利，但是也存在一些不足，需要完善。

（1）希望作业通除支持手机APP外，还可以支持电脑应用，让学生多一种学习途径。

（2）教育云英语课本资源不足，希望增加动画带课文朗读的内容。

（3）教育云涉及科学实验演示、互动的内容不多，建议增加一些虚拟实验内容。

互联网学习探索与实践——以龙华中心小学为例

深圳市龙华区龙华中心小学　古兴东

一、概述

（一）研究综述

1. 国外研究

国外较早对互联网学习进行了探索、实践，如可汗学院、翻转课堂等，对转变教学方式具有深远影响。可汉学院由萨尔曼·汗创建，从2006年制作第一个微课视频上传到YouTube开始，截至2012年7月，点击数已超过1.6亿次，视频数量超过3500个，其中近3000个为可汗本人录制。翻转课堂是由美国林地公园高中的两位化学教师首次进行尝试，从2007年开始，他们利用网络及微课进行探索、实践，取得了显著的成效，引起了全世界教育界的广泛关注。

2. 国内研究

国内也在积极探索利用互联网进行学习的方式，以适应未来信息化的发展。教育部发布的《教育信息化十年发展规划（2011—2020）》，要求培养学生信息化环境下的学习能力；《教育信息化2.0行动计划》提出，要积极推进"互联网+教育"。

随着网络的普及，越来越多的人参与到了互联网学习中。百度文库2009年已拥有超过1亿份文档，每天吸引超过4000万学习用户。教育部教育管理信息中心和百度文库发布的《2014年中国互联网学习白皮书》统计已有3.4亿互联网学习用户平均每天花费45分钟在线学习。

龙华中心小学鼓励教师积极探索互联网学习。2015年，开展省"十二五"规划课题研究，探索翻转课堂。2017年3月，深圳教育云正式在龙华中心小学等12所学校试点应用。

图1　2017年，在龙华中心小学举行的深圳教育云现场
会上省教育信息中心林君芬博士等与会专家合影

（二）核心概念

1. 互联网学习

互联网学习是指学习者为解决实际问题或者纯粹出于自身兴趣爱好，通过计算机、智能手机、平板电脑等终端，在网上阅读、上传、下载、分享学习资源和信息，与其他学习者就某些学习问题展开交流讨论，或者参与在线学习课程等的过程。简单而言，互联网学习就是指学习者使用电脑、手机、平板等终端通过互联网进行学习的方式。

2. 混合式学习

混合式学习结合了互联网学习和现场学习两者的优势，将环境、方式、资源、评价等要素进行有机结合，实现现场（线下）与在线（线上）学习混合，自主学习和协作学习混合，过程式考核与总结性评价混合等，既发挥教师引导、启发、监控教学过程的主导作用，又体现学生作为学习过程主体的主动性、积极性与创造性。

二、指导原则

1. 积极探索，广泛实践

实践是检验真理的唯一标准。基于深圳教育云平台，发挥以点带面作用，以种子教师为核心，以实验校老师为骨干，逐步推广到全校。

2. 学科融合，创新应用

在实践研究的基础上，鼓励教师结合学校的实际情况进行融合创新，促进研究，如基于深圳教育云探索翻转课堂。

3. 展示交流，推广普及

交流、展示是促进应用、深化研究的重要方式。通过组织展示交流，既能为参与实验的教师提供展示的机会，又可以促进互相学习、互相交流，形成水涨船高的良性局面。

三、实施重点

1. 探索应用

2017年3月，学校正式成立教育云应用领导小组和实验小组。其中，领导小组由校长担任组长，教学行政主管担任副组长，各学科行政主管为成员。应用小组包括各试点班级的语文、数学、英语、科学、信息等骨干教师，先后举行各类展示课20多节。例如，2017年6月，曾妮老师在深圳教育云现场会上做课例展示；2018年4月，卢文丽老师向罗湖区、龙华区20多位老师展示教育云教学应用。

2. 案例分享

学校的积极探索应用先后应邀在区、市做经验分享近10次。例如，2017年6月，学校在教育云应用现场会做经验分享。2018年3月，全市深圳教育云区域启动会学校应邀作为学校应用案例发言；4月，作为课题组成员，本人应邀到市教科院介绍教育云应用；5月，在深圳市基础教育信息化工作会议上龙华中心小学应邀做教育云应用案例展示，市教育局张涞临副局长，市教育信息技术中心杨焕亮主任、张惠敏副主任等领导莅临展位参观，对学校的信息化工作给予了充分肯定。现场播放的深圳信息化宣传短片中也专门介绍了学校应用情况；8月21—23日在深圳会展中心进行的中国智慧城市展上，龙华中心小学以"云领教学，智享未来"为主题进行了展示。

图2　2018年5月，市教育信息化工作会议上市教育局
张涞临副局长等领导莅临参观龙华中心小学展位

3. 成果汇总

2018年5月，多节教育云应用课例在全国、市级比赛中获奖；7月，《经济日报》以《信息化建设打造智慧校园——精准描绘学子"画像"》为题介绍了学校教育云应用情况；9月，举行深圳教育云应用验收动员会，学校做经验分享；10月，在区教育云平台支持下混合式学习的教学设计、课例、微课、论文等资源的征集评选活动中，有10多节获区级奖；11月，市教育云应用优秀课例评比有4节课例获奖；12月，学校的教育云应用案例入选深圳教育云优秀案例集。

四、附录（包括但不限于相关的重要文件、论文、资料的概述或目录）

（1）2018年8月21—23日，在深圳会展中心进行的中国智慧城市展上，龙华中心小学以"云领教学，智享未来"为主题进行了案例展示，以下为布展图。

图3　"云领教学，智享未来"布展图

（2）2018年5月，在深圳市基础教育信息化工作会议上，龙华中心小学应邀做教育云应用案例展示，现场播放的深圳信息化宣传短片中也专门介绍了学校教学云教学应用情况。

图4　深圳教育信息化宣传短片截图1

图5　深圳教育信息化宣传短片截图2

（3）2018年7月，《经济日报》以《信息化建设打造智慧校园——精准描绘学子"画像"》为题介绍了龙华中心小学教育云应用及区外国语学校智慧校园建设情况。

返回经济网首页｜版面导航｜行业导航

上一版 ◀　　2018年7月9日星期一　　＜上一期 下一期＞　　放大 ⊕ 缩小 ⊖ 默认 ○

以信息化建设打造智慧校园

精准描绘学子"画像"

本报记者 喻 剑

深圳市龙华区中心小学语文教师卢文丽正在使用信息化软件授课。喻剑摄

深圳市龙华区中外语学校图书角。喻剑摄

　　信息化建设正在为基础教育领域赋能。在深圳，科大讯飞华南公司日前与深圳市龙华区教育局签署战略合作协议——科大讯飞将基于人工智能源头核心技术优势，助力龙华区教育信息化向2.0时代迈进，将龙华区打造成为深圳乃至全国的教育科技样板区。

　　在这次被命名为"龙飞行动"的战略合作中，"个性化教学"被明确为改革方向。其中一个重要手段是：企业将核心技术真正融入信息化教学产品，在师生知情的前提下，通过常态化使用收集真实数据，并对这些数据进行分析，挖掘它的价值，服务于针对性的"教"、科学化的"管"和个性化的"学"。

　　在深圳市龙华区中心小学的课堂上，二年级（3）班班主任兼语文教师卢文丽在大屏幕上打开教育信息化综合应用云服务平台。这是一堂题为《传统节日》的语文课，在屏幕呈现的课文中，春节、元宵、端午等传统节日被编入易于记诵的民谣，龙舟、窗花等民俗标志以卡通画形式呈现。点开课文旁边的超链接，更多与节日有关的中国古代诗词图文资料呈现出来。"课程和素材资源很丰富，低年级的语文信息化教学内容有趣、活泼。"卢文丽说，"过去讲到重点难点要'敲黑板'提醒学生认真听讲，现在课件本身具有吸引力，好的课件一经亮相，所有眼神'唰的一下'集中了，走神儿、小动作等现象也少了。"

在卢文丽看来，信息化教学软件的介入，更利于教学互动与管理，常态化地使用有助于教学减负与增效。她举了课堂使用"答题宝"的例子。"软件可以'有教无类'地帮助每一个学生更好地参与课堂互动。"卢文丽说，"过去的课堂提问，通常每次最多只有四五名学生参与回答。现在软件中有'抢答'环节，学生们争先恐后地在平板电脑上按键回答，全班一齐开动脑筋思考；在教师端，谁答对了、谁答错了有实时统计，真正的学情和教学重难点一目了然。"

图6　报纸宣传图

（4）近几年教育信息化成果。

2016年，龙华中心小学被评为深圳市首批智慧校园示范学校。

2016年，有近10节课例被评为深圳市优质课例视频"质量奖"，龙华中心小学被评为优秀"组织奖"。

2016年4月，在广东省基础教育信息化应用现场会中，智慧课堂的展示，重点介绍了龙华中心小学"三翻三探"教学模式。

2016年12月，学校被评为"最具变革力学校"。

2017年5月，在新媒体新技术教学应用研讨会暨第十届全国中小学创新课堂教学实践活动中，有3节课例获奖。

2017年，深圳教育信息化大奖赛，1个微课视频、2节课例、1个课件获奖。

2017年6月，全市教育云现场会在学校举行，学校应邀发言并展示的唯一一节现场课，受到省、市专家好评。《深圳特区报》进行了宣传报道。

2017年11月，在贵州举行的全国第十五届小学信息技术与教学融合优质课大赛中，学校9位老师参赛，获4个一等奖、5个二等奖。

2018年，深圳教育信息化大奖赛获3个奖项。

2018年，深圳市名师高清优质常规课例素材评选，有4节课例入选。

2018年5月，在新媒体新技术教学应用研讨会暨第十一届全国中小学创新课堂教学实践活动、市多媒体人奖赛等活动中，有3节课例、微课等获奖。

基于教育云平台在小学数学课堂教学初探

深圳市龙华区龙华中心小学　庄少芬

信息技术飞速发展，在数学学科教学中的应用越来越广泛。尤其是教育云的出现，更促进了信息技术与数学学科的融合。教育云平台在我校进行了广泛的运用，不仅为数学教师教学提供了丰富的课程资源，还为学生学习数学提供了相应的学习资源；既优化了教学结构，又丰富了教学内容，大大提高了教学资源的利用率，为打造高效数学课堂提供了有力保障。我校基于教育云平台在数学课堂上的运用，主要体现了如下优势：

借助于教育云平台的资源库，可以很方便地创建真实的数学学习情境，从而吸引学生主动参与学习活动。教育云平台提供了许多可利用资源以及一些相关的课件，这些资源集图、文、音于一体，以其新颖性、趣味性吸引了学生的注意力和好奇心，为学生创设了有趣的学习情境，在轻松和愉快的氛围中，调动学生的多种感官参与到数学知识的学习中。例如，在《认识图形》这节课中，就可以直接从资源库中下载"小动物举行自行车比赛"动画，通过有趣的动画引入课题，吸引学生的兴趣，直观形象，将那些相对于小学生来讲比较复杂难以理解的数学知识转换成生活中的实例，同时为学习新知识提出了要思考的问题。

借助教育云平台的答题宝功能，可以进行高效课堂练习。数学课堂上，教师设计的题目的难度是逐级递增的，如果是直接做练习题，学生的积极性不高，老师也不能及时掌握学生练习完成的情况。但如果让学生利用手中的答题宝或iPad进行答题，教师就可以在很短的时间内查看每一个学生的练习答案，系统会迅速分析结果，这种实时交流与评价，改变了传统数学课堂练习的评价和反馈滞后，让老师能够即时了解到每一个学生对知识点的掌握情况。我们通过观察发现，利用答题宝或iPad完成数学练习，全班同学都在高度积极地参与及互动。

通过教育云空间，可以进行课前有效预习或课后作业辅导。教师可以在教育云空间发布本节课的预习提示，供学生进行课前预习；学生可以将收集到的资料提前放在云空间中，与大家共享交流。教师依据学生的预习做必要的引导，还可以对优秀的预习作业给予即时的反馈点评。教师还可以在云平台上根据即时反馈的课堂作业信息，集中解决普遍存在的问题；同时，可以根据个别学生的特殊情况，给予个性化的指导。这样更有利于不同学习程度的学生课后进行更好的个性化学习，既提高了学生的学习自主性和学习效率，又可以对学生作业实施有效的协调和控制。

教育云平台方便家长了解孩子的学习情况。家长通过教育云平台可以随时查看学生的学习情况，也可以了解其他好友的学习情况，没有时间空间的限制，也可以与教师即时沟通，了解孩子的在校情况。这不仅大大方便了家长与老师的沟通，同时还可以与其他家长进行沟通。通过教育云平台，我们可以知道教育云不仅在改变教师教学的习惯过程，也在转变学生学习方式的过程，同时在改变家校沟通的过程。

教育云平台相对于现在使用的多媒体来说有着丰富的资源库，有利于教师的教学活动，也有利于学生对知识更为形象地理解。从当前的课堂案例和一些数据的整理与分析中，我们可以看出，我校教师在应用教育云平台的过程中，已经对它的优势有所了解，但是有的教师了解得并不全面，使用不熟练，所以在使用时，导致个别教师感觉到负担大、任务量增多。因此，教师要对教育云平台有一个全面的认识，从根本观念上接受教育云平台，只有充分认识到教育云平台认识的优势，才能更好地利用教育云平台开展课堂上的活动。

第 四 章

"新"课例探究，

提高课堂教学效率

项目探究式

向冠军冲刺　为大运添彩

——《五彩缤纷的Logo》教学设计

深圳市龙华区龙华中心小学　古兴东

（本课例获2011年宝安区新媒体新技术教学应用优秀课例评比一等奖，"2013年新媒体新技术教学应用研讨会暨第七届全国中小学互动课堂教学实践观摩活动"教学课评比一等奖，应邀赴沈阳全国说课展示获现场二等奖）

【教学目标】

1. 知识与技能

（1）学会用命令设置画笔的颜色和粗细。

（2）学会画长方形和椭圆形，掌握保存与打开图形的基本操作。

（3）培养学生的团结协作能力。

2. 过程与方法

（1）以"任务驱动"的教学方法组织学生自主学习，合作探究。

（2）培养学生发现问题、分析问题、解决问题的能力。

（3）鼓励学生自主实践，探究掌握画笔的颜色和粗细，画长方形和椭圆形的操作方法。

3. 情感态度与价值观

（1）激励学生对大运会的热情。

（2）培养学生的美感。

（3）培养学生对计算机的兴趣。

【教学重难点】

（1）引导学生学会使用设置画笔的颜色和粗细的命令。

（2）学会画长方形和椭圆形，掌握保存与打开图形的基本操作。

【教学手段】

本节课围绕"向冠军冲刺　为大运添彩"这一活动主题，引导学生自主探究，勇于实践，掌握画笔的颜色和粗细，以及画长方形和椭圆形的操作方法，激发学生对在深圳举行的大运会的热情。主要通过任务驱动，使学生在解决各种任务的过程中学习并掌握画笔的颜色和粗细的设置命令，以及画长方形和椭圆形的操作方法，提高学生的信息素养，使信息技术潜移默化地融入学生的知识结构。

本课主要采用任务驱动法、探究法、讨论法等教学方法。在教学过程中，教师将教学内容隐含在有代表性的任务中，以完成任务作为教学活动的中心；学生在完成任务的动机驱动下，通过对任务进行分析、探究、讨论、交流，从而掌握知识，培养了学生的自主学习能力。

【教学分析】

本课是中国信息技术教育杂志社编著，海天出版社出版的六年级下册信息技术课第二单元Logo程序设计，第5课的内容，主要是引导学生掌握画笔的颜色和粗细的设置命令，以及画长方形和椭圆形的操作方法。为下一阶段进一步学习用重复命令、应用过程编写程序打基础。

【学情分析】

这节课的教学对象是六年级学生，比较好动，对新鲜事物充满了好奇心。他们经过前面认识海龟小画家，对Logo程序设计有了一定的认识，掌握了一定的编程技能，为开展自主学习提供了基本条件。而且随着在深圳举办的大学生夏季运动会的临近，学生已经从网络上、电视中耳闻目睹了很多有关大运会的视频、图片等信息，甚至有些同学还参与了一些有关大运会的活动，如制作有关大运会的手抄报、参与网络签名祝福大运等。但也有一些学生可能对"大运会"不是很了解。根据学生的这些特点，本课教学时教师要注意引导学生围绕"向冠军冲刺 为大运添彩"这一活动主题，让学生亲身体验作为运动员向冠军冲刺的整个活动的过程，从而逐步掌握画笔粗细、颜色，以及画长方形、椭圆形的操作方法，激发学生热爱、珍惜、关注现在的幸福生活，为在深圳举办的大运会添彩的热情。

【教学过程】

教学内容	教学环节	活动时间	教学活动		设计意图
			教师活动	学生活动	
一段有趣的"猜猜猜"游戏，引起学生的兴趣	1. 游戏导入——激发"冠军梦"	3分钟	（1）展示图片：教师应用电子白板聚光灯工具显示图片一角，吸引学生猜一猜。（白板应用）	看一看：学生观察图形。	引起学生的兴趣。
			（2）引导学生猜一猜，激发学生的热情。	猜一猜：学生积极思考，猜猜是什么图形？	激发学生的热情。
			（3）板书课题：教师拖开电子白板遮罩，出示课题，提示学生本节课将通过训练营磨炼、火炬传递、向冠军冲刺等一系列活动为大运添彩。（白板应用）	学生兴趣浓厚，摩拳擦掌，跃跃欲试，"向冠军冲刺为大运添彩"。	
引导学生，通过任务驱动，自主学习探究	2. 任务驱动——通过"训练营"	10分钟	（1）出示内容：教师通过电子白板显示训练营磨炼内容。（白板应用）	学生思考问题，认识要学习的内容。	激发学生思维。
			（2）引导学生进行自主探究：教师通过屏幕播放大运会志愿者主题歌，设置电子白板的倒计时为5分钟。（白板应用）	学生自主学习，自由探究，通过看书本，实践操作完成内容。	鼓励学生自主学习，勇于实践，敢于尝试。
			（3）巡回指导，鼓励学生。温馨提示：学生可以自己想办法解决或与身边的同学交流，也可以参考书本。（白板应用）	学生遇到问题，尝试自主解决。	培养学生分析问题、解决问题的能力。

教学内容	教学环节	活动时间	教学活动		设计意图
			教师活动	学生活动	
		10分钟	（4）组织小组竞赛：画笔知识大比拼。	学生上台示范操作步骤（示范步骤通过电子白板录像功能，保存到电脑中，以便学生在遇到操作疑难时可以随时查看录像）。（白板应用）	培养学生与他人交流的能力。
			（5）教师小结：解决问题注意事项，白板出示庆贺画面。（白板应用）	讨论交流：学生思考，自由发言，小结知识。	
鼓励学生参与虚拟火炬传递，体验火炬传递的魅力，同时通过展示火炬传递图激发思维	3.火炬传递——点燃"火炬情"	5分钟	（1）屏幕展示火炬传递线路，鼓励学生参与虚拟火炬传递。（白板应用）	学生观察火炬传递线路。	
			（2）教师鼓励学生在世界地图上拖动火炬图，完成虚拟火炬传递。	学生利用电子白板功能拖动火炬图，完成火炬传递，感受火炬传递的魅力。（白板应用）	学生感受火炬传递。
			（3）引导学生想一想火炬传递的线路图形成了什么图形，激发学生思维。	学生发挥想象力，自由回答火炬传递图形。	激发学生思维。
			（4）引导学生小结。	学生自由回答，激发思维。	
以"向冠军冲刺 为大运添彩"为主线，激发创作热情	4.自由创作——照亮"大运心"	15分钟	（1）展示主题：以"向冠军冲刺 为大运添彩"为主题，自由创作、设计作品。（白板应用） （2）老师巡回指导、激励学生。播放大运会主题歌*Start Here*（从这里开始），设置电子白板的倒计时为10分钟。（白板应用）	学生明确设计内容。 学生运用所学的知识，自由创作、自主设计作品。	鼓励学生创新。 培养学生对大运会的热情。

融合创新
——信息技术教育『新』探

教学内容	教学环节	活动时间	教学活动		设计意图
			教师活动	学生活动	
让学生登上领奖台展示优秀作品，引导学生学会与他人分享成果	5.展示作品——登上"领奖台"	5分钟	（1）鼓励小组的同学互相欣赏作品，推选一幅优秀作品，代表本组参加全班评选。	小组同学互相欣赏精彩作品。	鼓励学生的创作热情，培养兴趣。
			（2）展示每组评选的优秀作品，并请设计者说说自己创作的主题与意义。	学生欣赏小组优秀作品，点评作品，谈感想。	体验成功，分享成果。
			（3）教师将每组作品保存并集中显示在投票区，引导学生点评作品。	学生欣赏四幅作品，并小组讨论将票投给哪两幅作品。	培养学生的民主意识。
			（4）引导学生投票，评选最佳作品。	每组派代表通过电子白板直接拖动UU在优秀作品旁边，完成投票。（白板应用）	体验成功，分享快乐。
			（5）给获得冠军的学生颁奖。	学生登上领奖台，领"金牌"。	
引导学生自我小结收获提高，鼓励学生学以致用	6.小结收获——拓展"大运情"	2分钟	（1）引导学生谈收获。	学生谈这节课的收获。	培养学生归纳小结能力。
			（2）课件展示知识点。	小结知识点。	
			（3）这次"向冠军冲刺　为大运添彩"活动到此结束，但是我们为大运助威、加油的步伐没有停止，正如大运会的主题口号"Start here"，从这里开始。	学生课后自由创作。	培养学生应用知识于社会的能力。

【教学评价】

学生评价表				
项目	优秀（10分）	良好（8分）	中等（6分）	一般（4分）
A. 自主学习40% 完成任务一：设置小海龟的颜色				
完成任务二：设置线条的粗细				
完成任务三：画一个长方形				
完成任务四：画一个椭圆形				
B. 作品效果40% 主题鲜明，有意义				
图画构图合理				
作品有新意，具有个性				
颜色搭配合适				
C. 协作精神及表达能力20% 能与同伴很好地合作				
口头表达能力				
项目	优秀（>90分）	良好（>80分）	中等（>60分）	一般（<60分）
综合评价				

【教学反思】

本课最大亮点就是创设"向冠军冲刺　为大运添彩"的主题，开展游戏导入——激发"冠军梦"、任务驱动——通过"训练营"、火炬传递——点燃"火炬情"、自由创作——照亮"大运心"、展示作品——登上"领奖台"、小结收获——拓展"大运情"等六个活动，通过"任务驱动法"引导学生带着任务，自主探究，勇于实践，掌握画笔的颜色和粗细设置命令，以及画长方形和椭圆形的操作方法，激发学生对在深圳举办的大运会的热情。充分体现了学生的主体作用，培养了学生自主学习的能力，教师在学习过程中起引路人的作用，巧妙地解决了教学重难点。

上课伊始，教师应用电子白板聚光灯工具显示图片一角，吸引学生猜一猜，激发学生的热情。学生兴趣浓厚，积极思考，猜测是什么图形。在开心的氛围中，极大地激发了学生的热情，及时提出"向冠军冲刺　为大运添彩"的主题。

首先让学生带着问题思考，鼓励学生通过自主学习完成四个任务。然后及时组织学生上台示范，交流学习成果，从而掌握知识。同时，鼓励学生认真分析问题，勇于实践，敢于尝试，培养学生的自主学习能力。

学生掌握基本知识后，鼓励学生参与虚拟火炬传递，体验火炬传递的魅力，同时通过展示火炬传递图激发学生思维，既巩固了知识，活跃了课堂氛围，也拓展了学生的思维，为下一环节设计打下了基础。

紧接着开展"向冠军冲刺　为大运添彩"为主题的作品创作活动。鼓励学生运用这节课所学的知识，自由创作、设计作品，把本节课的学习氛围推向了高潮，学生在开心快乐的氛围中，自定内容，自由设计。通过这一实践活动让学生进一步熟练画笔的操作技巧，同时在创作中培养学生的创新思维与能力。

最后，开展多种形式的评价活动。先让每一小组互评，挑选一幅作品，代表小组参评。然后老师及时展示四个小组的作品，让全班欣赏，并请设计者讲解设计意图。最后请每个小组的学生协商将本组拥有的选票投给最佳作品。最终评选一幅冠军作品，请作品设计者登上领奖台，老师亲自颁金牌，让学生体验到成功的喜悦，品尝到收获的乐趣，培养学生的成就感和荣誉感，进一步激发学生的创作热情，呼应主题"向冠军冲刺　为大运添彩"。

纵观本节课，学生在知识建构中是真正的主体，教师只充当引导者的角色。通过教师的穿针引线，围绕着"向冠军冲刺　为大运添彩"的主题，以四个任务做驱动，创设了一种求知、探究的氛围，极大地激发了学生探求真知的愿望和热情，提升了学生自主学习积极探究的能力，培养了学生勇于实践、敢于创新的精神。

我拍我秀

——《数码照片动手拍》教学设计

深圳市龙华区龙华中心小学　古兴东

（课例获"2014年新媒体新技术教学应用研讨会暨第七届全国中小学互动课堂教学实践观摩活动"教学课评比一等奖，深圳市2014年新媒体新技术教学

应用观摩研讨活动教学课例评选一等奖）

【创新整合点】

义务教育阶段信息技术新课程标准指出，信息技术教学要着眼于学生的发展，合理选用并探索新的教学方法与教学模式，引导学生亲历利用信息技术发现问题、分析问题和解决问题的过程。

因此，在本课中大胆创新，尝试翻转课堂，课前鼓励学生根据导学单，利用网站、平板电脑自主学习微课，并尝试拍摄数码照片。课中巧用电子白板的交互功能，让学生在轻松、愉快的氛围中巩固知识，动手实践，分享交流。最终，通过巧用信息技术，达到转变师生的教学模式，促进学生自主学习，提高课堂效率的目的。

【教学分析】

本课是中国信息技术教育杂志社编著，海天出版社出版的小学五年级下册第3课的内容。主要教学目标是认识数码相机，学会拍摄数码相片，掌握把相片导入电脑的方法。

【学情分析】

小学五年级的学生，具有一定的自学能力，而且作为现代信息时代的"原著民"，他们对平板电脑、数码相机等数码产品有初步的认识。这为本课利用微课进行自主学习，巧用平板电脑拍摄数码照片打下了坚实的基础。

【教学目标】

1. 知识与技能目标

了解数码相机，学会拍摄数码相片及把相片导入电脑。

2. 过程与方法目标

体验发现问题、分析问题、解决问题的过程。

3. 情感态度与价值观目标

学会分享交流，提高对新技术的认识和兴趣。

【教学准备】

（1）根据教学目标制作微课，发布于学习网站，同时存储于平板电脑中。

（2）综合考虑电子白板的功能及教学需要，制作互动白板课件。

【教学方法】

自主探究法、任务驱动法、实践法、讨论法。

【教学过程】

（遵循以"学生为主体，教师为主导"的教学理念）

（一）课前：任务驱动自主学习（解决教学重点）

（1）布置自主导学单。

（2）要求学生根据导学单任务，进入学习网站或利用平板电脑自主学习微课。

（3）鼓励学生以"美丽校园"为题自己尝试拍摄数码照片。

（二）课中：互动练习实践交流（依据"以生为本"）

1. 我来猜——游戏激趣 导入主题

卢梭说："问题不在于教他各种学问，而在于培养他爱好学问的兴趣。"

猜一猜：上课伊始，使用交互式电子白板的"探照灯"工具，露出图片一角，吸引学生注意。在学生猜测的过程中，老师灵活拖动"探照灯"显示图片的其他部分，以便提供更多信息，引导学生猜测。在学生猜测完毕后，拖动显示完整图片，检验猜测结果是否正确（图1）。

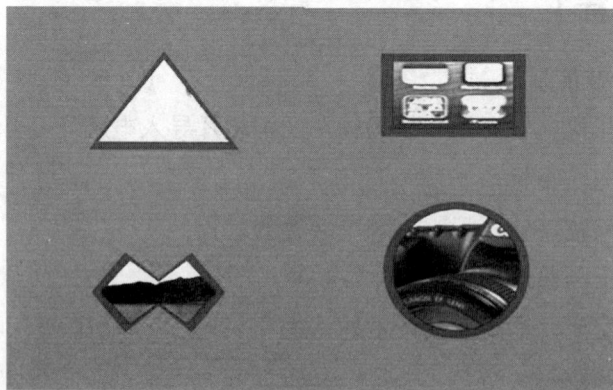

图1　教学中分别采用4种"探照灯"，露出图片一角，吸引学生注意

学生积极举手，踊跃回答。在学生兴趣浓厚之际，揭示本课的主题："数码相片动手拍"。

这一环节的主要目的是激发学生的学习兴趣，为下一步互动学习做铺垫。

2. 我会玩——互动练习 巩固知识

巧用电子白板功能，设计各种互动练习，检验学生课前自主学习微课的成效。

（1）认一认：学生说出数码相机各部分的名称，巧用"放大镜"进行检验是否正确，吸引学生注意（图2、图3）。

图2 放大镜在外面（不显示名称） 图3 放大镜在里面（显示名称）

（2）拖一拖：让学生直接将正确内容拖到合适的位置上，如果拖错位置，将自动退回原来位置（图4、图5）。

图4 拖一拖（认识相机） 图5 拖一拖（拍照的步骤）

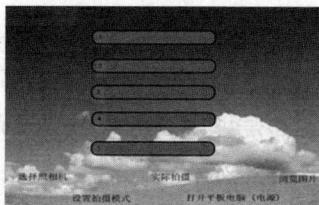

（3）连一连：学生在对应的图片及名称之间连线（图6）。

图6 连一连

（4）说一说：让学生说说拍数码照片时应该注意的问题。

这一环节的主要目的是通过互动练习，让学生"在玩中学，在学中玩"。

3. 我想试——动手实践　小组交流

实践是检验真理的唯一标准，鼓励学生自己动手实践把相片导入电脑。

试一试：学生每4人为一组，根据微课内容及书本知识，尝试将自己拍摄的数码照片导入手提电脑中。同时，小组互相欣赏照片，每个学生挑选一幅参与全班展示。

这一环节通过学生自主动手实践，解决本课的教学难点。

4. 我要秀——分享交流　激励评价

秀一秀：鼓励学生将自己拍摄的照片进行展示，互相欣赏，同时体验成功的喜悦。

这一环节主要是让学生学会分享交流，同时提升审美观，进行激励评价。

5. 我能拓——归纳总结　学以致用

说一说：让学生说说本课的收获，锻炼学生归纳总结的能力。

拍一拍：鼓励学生在课后拍摄数码照片与父母或朋友欣赏、交流。

【教学反思】

通过实际教学前后的对比，本课中存在两点显著变化。

一是学生的学习状态，令人欢欣鼓舞。无论是课前自主学习微课，拍摄数码照片，还是课中互动练习，实践交流，学生都是积极参与，踊跃尝试。

二是实际教学效果，令人刮目相看。在互动练习环节，原本预设可能会出错，因此巧用白板设计了拖错自动返回，但在实际教学中学生的答案完全正确。还有导入电脑环节，原来估计首次实践可能问题较多，实际上学生基本能独立完成。

本课通过巧用微课、白板、平板电脑等新媒体、新技术，尝试翻转课堂，使得原本枯燥无味的知识介绍课，变得趣味横生。在轻松、愉快的氛围中，转变了师生的教学模式，促进了学生自主学习，提高了课堂效率。

这节课可用四句话概括：

> 课前微课促学习，
>
> 平板电脑拍照片。
>
> 课中白板增互动，
>
> 翻转课堂提效率。

我的未来不是梦

——《我是小小摄像师》教学设计

深圳市龙华区龙华中心小学　古兴东

（本课例获2013年深圳市信息技术教育成果交流展示活动二等奖）

【教学目标】

1. 知识与技能

（1）认识数码摄像机。

（2）掌握摄像的基本操作。

（3）培养学生的团结协作能力。

2. 过程与方法

（1）以任务驱动引导学生通过WebQuest网站开展自主探究学习。

（2）鼓励学生自主跟着微课视频，动手实践。

（3）培养学生发现问题、分析问题、解决问题的能力。

3. 情感态度与价值观

（1）培养学生对计算机、数码摄像机的兴趣。

（2）培养学生的审美能力。

（3）培养学生对自然和生活的热爱。

【教学重难点】

（1）引导学生认识摄像机，并掌握基本的操作方法。

（2）学会将摄录的视频导入计算机的方法。

【教学手段】

本节课围绕"想拍就拍，拍出精彩"这一活动主题，提前制作"认识数码摄像机""摄像机的基本操作""导入电脑的方法"三个微课视频，引导学生利用WebQuest网站，自主探究认识摄像机，掌握基本摄像技巧，并能将摄录视频保存于电脑中。

本课主要采用任务驱动法、WebQuest教学法、讨论法等教学方法。在教学过程中，教师将教学内容制作成微课，隐含在WebQuest教学网站有代表性的任务中，以完成任务作为教学活动的中心；学生在完成任务的动机驱动下，通过对任务进行分析、探究、讨论、交流，从而掌握知识，培养了学生的自主学习能力，提高了学生的信息素养，使信息技术潜移默化地融入学生的知识结构。

【教学分析】

本课是五年级上册信息技术课第一单元第7课的内容，主要是引导学生认识摄像机，了解摄像机的结构、性能，掌握摄录方法及一些基本摄录操作技巧，并能将摄录视频导入计算机中存储。为下一阶段体验制作视频作品的操作过程，学习利用Windows Movie Maker编辑拍摄的视频片段打下基础。

【学情分析】

这节课的教学对象是五年级学生，比较好动，对新鲜事物充满了好奇心，他们经过从三年级开始系统的信息技术学习，已经掌握了一定的信息技能，为开展自主学习提供了基本条件。随着社会的发展、科技的进步，DV已经步入了人们的生活，有一些学生已经从网络上、电视中接触了很多精彩有趣的DV视频，甚至有些还利用家用的DV摄像机摄录过一些生活中发现的精彩故事。但也有一些学生可能没有见过摄像机，对摄像更是一窍不通。根据学生的这些特点，本课教学时教师要注意引导学生围绕"想拍就拍，拍出精彩"这一活动主题，让学生亲身体验整个活动的过程，逐步了解摄像机，掌握摄录方法，引导学生热爱、珍惜、关注现在的幸福生活。

【教学准备】

（1）微课：课前制作"数码摄像机简介、摄像机的操作方法、摄像机资料导入电脑的方法"三个微课视频。

（2）网站：制作WebQuest自主学习网站。

（3）设备：教师准备1台专业数码摄像机、1台家用数码摄像机、1台带有录像功能的数码相机。鼓励学生自带家用数码摄像机或带有录像功能的数码相机。

【教学过程】

教学内容	教学环节	活动时间	教学活动 教师活动	学生活动	设计意图
欣赏风趣幽默的小视频，引起学生的兴趣，激发学生争当小摄像师的热情	1.开机仪式：欣赏导入，激发兴趣	3分钟	（1）播放：网友自拍的风趣幽默小视频。 （2）引导学生讨论，激发学生争当小摄像师的热情。 （3）板书课题：我是小小摄像师。	欣赏视频。 讨论欣赏视频后的感受。	引起学生的兴趣，激发学生的热情
引导学生利用WebQuest教学网站，通过任务驱动，自主学习探究	2.前期筹备：任务驱动，自主学习	15分钟	（1）课件出示：任务一。鼓励学生自主学习"认识数码摄像机"微课，并填写知识表。（详见附件） （2）组织小组竞赛：摄像机知识大比拼。 （3）课件出示：任务二。引导学生自主学习"摄像机的基本操作"微课，并填写知识表。（详见附件） （4）组织小组竞赛：摄像技巧大比拼。 （5）课件出示：任务三。引导学生自主学习"导入电脑方法"，实践尝试导入方法。 （6）组织小组竞赛：导入方法大比拼	学生通过WebQuest教学网站，自主学习"认识数码摄像机"微课，思考问题，完成知识表。 小组推选代表交流知识。 学生通过WebQuest教学网站，自主学习"摄像机的基本操作"微课或查书本找资料，了解拍摄方法，完成知识表。 小组推选代表交流知识。 学生通过WebQuest教学网站，自主学习"导入电脑方法"微课，尝试导入电脑的方法。 讨论交流：推选代表交流导入方法。	激发思维引导学生利用WebQuest教学网站自主学习。 培养学生分析问题、解决问题的能力。 培养学生与他人交流的能力，鼓励学生勇于实践、敢于尝试。

融合创新——信息技术教育「新」探

教学内容	教学环节	活动时间	教学活动		设计意图
			教师活动	学生活动	
以"拍出精彩"为主线，激发学生创作热情	3.后期创作：自由实践，创作作品	15分钟	（1）激发学生兴趣，以"想拍就拍，拍出精彩"为主题，自由拍摄视频。	学生以小组为单位分工，确定拍摄内容。	鼓励学生创新。
			（2）老师巡回指导、激励学生。	学生自编自导自演拍摄，巩固练习操作，创作视频。	引导学生关注、热爱现在的美好生活。
			（3）老师协助解决实际问题。	将摄录的作品导入电脑。	
展示优秀视频，引导学生学会与他人分享成果	4.影片上传：展示作品，体验成功	5分钟	（1）作品展示：播放学生优秀视频。	欣赏摄录的精彩视频。	鼓励学生摄录作品，培养兴趣，体验成功，分享成果。
			（2）引导学生点评作品。	学生点评作品，谈感想；填写评价表；评选最佳摄像师。	
			（3）颁奖，鼓励学生。		
引导学生自我小结收获与提高，鼓励学生学以致用	5.收获成果：小结收获，拓展延伸	2分钟	（1）引导学生谈收获。	学生谈这节课的收获。	培养学生归纳小结的能力。
			（2）课件展示知识点。	小结知识点。	培养学生应用知识于社会的能力。
			（3）倡议学生课后摄录作品，待元旦再进行展示交流。	学生课后自由创作。	

【教学评价】

学生评价表					
	项目	优秀（10分）	良好（8分）	中等（6分）	一般（4分）
A.自主学习30%	完成任务一				
	完成任务二				
	完成任务三				

学生评价表				
项目	优秀（10分）	良好（8分）	中等（6分）	一般（4分）
B.作品效果40% 主题鲜明，有意义				
画面稳定，图像清晰				
作品有新意，具有个性				
应用技术能力				
C.协作精神30% 能与同伴很好地合作				
在小组中能发挥作用				
口头表达能力				
项目	优秀（>90分）	良好（>80分）	中等（>60分）	一般（<60分）
综合评价				

【教学反思】

上课伊始，播放风趣幽默的小视频，学生在开心快乐的氛围中，感受拍摄视频的魅力。极大地激发了学生争做"小小摄像师"的热情，及时提出"想拍就拍，拍出精彩"的视频主题。

本课利用WebQuest教学网站提供的"认识数码摄像机""摄像机的基本操作""导入电脑的方法"三个微课视频，通过"任务驱动法"引导学生有目的地自主学习。充分体现了学生在教学中的主体作用，目的在于培养学生自主学习的能力，教师在学习中起引路人的作用。通过"自主学习"这一环节，极大地激发了学生的学习热情，提高了教学效果，学生对知识的掌握更加牢固，巧妙地解决了教学重难点。

在带着问题思考自主学习完成每一个任务后，及时组织学生以小组为单位推选学生代表交流汇报，举行知识竞赛，经过交流讨论活动，加深学生对知识的理解。同时，鼓励学生认真分析问题，勇于实践，敢于尝试。

在学生掌握基本知识后，开展"想拍就拍，拍出精彩"为主题的小视频作品创作活动。鼓励学生以小组为单位，组员分工协作，利用刚学的摄像机摄录知识，自编自导自演自由摄像，创作作品，把本节课的学习氛围推向了高潮。学生在开心快乐的氛围中，自定内容，自由拍摄，拍摄完成后，将视频导入电脑中。通过这一实践活动让学生进一步熟练了操作技巧，同时在创作中培养了学生的创新思维与能力。

最后，每一小组自我展示1分钟的"精彩"视频。通过展示，让学生体验到成功的喜悦，品尝到收获的乐趣，培养学生的成就感和荣誉感，进一步激发了学生的创作热情。

纵观本节课，学生在知识建构中是真正的主体，教师只充当引路人的角色。通过教师的穿针引线，围绕着争做小摄像师"想拍就拍，拍出精彩"视频的主题，利用WebQuest教学网站的教学微课，以三个任务做驱动，创设了一种求知、探究的氛围，极大地激发了学生探求真知的愿望和热情，提升了学生自主学习、积极探究的能力，培养了学生勇于实践、敢于创新的精神。

【教学附件】

<table>
<tr><td colspan="3" align="center">知识表</td></tr>
<tr><td colspan="3">任务一：
1. 摄像机一般由什么组成？

_____
2. 你认识哪些按钮，它们有什么功能？请写下来，并写或画出它的标识。（如电源按钮，标识：Power；功能：摄像机的电源开关）</td></tr>
<tr><td align="center">按钮名称</td><td align="center">标识</td><td align="center">功能</td></tr>
<tr><td></td><td></td><td></td></tr>
<tr><td></td><td></td><td></td></tr>
<tr><td></td><td></td><td></td></tr>
<tr><td></td><td></td><td></td></tr>
<tr><td></td><td></td><td></td></tr>
<tr><td colspan="3">3. 你觉得摄像机配置了哪些存储设备？

_____</td></tr>
</table>

知识表

任务二：

1. 你知道摄像机的正确操作方法吗？

_____

_____

_____

2. 你知道如何保证摄像画面的稳定吗？

_____

_____

3. 你还知道摄像机的哪些技巧？

_____

_____

任务三：

你知道将视频导入电脑的方法吗？

_____

为奥运添彩

——《让海龟活用彩笔》教学设计

深圳市龙华区龙华中心小学　古兴东

（本课例获龙华街道2006年小学信息技术教学设计及课例评比一等奖，2007年度深圳市小学信息技术学科教师教学设计评选二等奖）

【教学内容】

《中小学信息技术课程指导纲要》指出："信息技术课程要培养学生良好的信息素养，把信息技术作为支持终身学习和合作学习的手段，为适应信息社会的学习、工作和生活打下必要的基础。"Logo语言是一种培养学生的逻辑思维和创造才能的程序设计语言，有利于培养学生良好的信息素养。

【教学分析】

《让海龟活用彩笔》是深圳市电化教育馆编著，人民教育出版社出版的

（小学版）第12册第6课的内容，主要是学习转变笔色、背景色和填色的命令。其目的是通过激发学生的学习兴趣，培养学生自主探究的精神，发展创新思维以及提高解决问题的能力。

【学情分析】

为了每一个学生的发展，是新课程实施的一个核心理念。本课是在学生掌握Logo的基本命令，对重复命令及重复命令的嵌套有了一定了解的基础上，进一步学习转变笔色、背景色和填色的命令，为以后更好地利用Logo语言进行作品创意设计打下坚实的基础。Logo是新开课程，学生对新事物都有浓厚的兴趣，很喜欢这样的课程，但由于Logo是一种程序设计语言，逻辑性很强，学生对一些操作性技巧的掌握有一定难度。本节课，重视促进学生的三个发展：一是全体发展；二是全面发展；三是个性发展。

【设计思想】

布鲁纳认为："知识获得是一个主动的过程，学习者不应该是信息的被动接受者，而应该是知识获取的主动参与者。学生必须通过自己的积极参与、身体力行才能获得知识。"新课程标准也倡导教师要改变传统滞后的教学模式，以学生为本，让学生在实践中自主探究、合作学习，让学生充分发挥自己的主体作用，去探索问题、解决问题，从而发展学生的综合能力。赞科夫说过："教学法一旦触入学生的情绪和意志领域，触及学生的精神需要，这种教学法就能发挥高度有效的作用。"所以，本节课创设"为奥运添彩"的情景，激发了学生学习的兴趣，以趣促学，以趣促思，让学生利用掌握的知识，设计制作作品，表达自己热爱祖国、热爱和平的美好心愿。在这种特定的情感氛围中，学生的情感在升华，内心涌动的是澎湃的情感激流，脑海里闪现的是智慧的火花。通过这样的教学方式，学生得到的不仅仅是新鲜生动活泼的知识，而且将拥有一个健康、丰富的精神世界。

【教学目标】

1. 知识与技能

学习转变笔色、背景色和填色的命令，培养学生自主探究学习的能力、对信息的加工处理能力、创新设计能力，以及逻辑思维能力。

2. 过程与方法

引导学生自己发现问题，并学习动手解决问题的方法。

3. 情感态度与价值观

激发学生探索Logo语言奥妙的兴趣，培养学生协作学习，与人合作的意识，增强学生对奥运、对和平、对祖国的热爱之情。

【教学重难点】

本节课的教学重点是学习转变笔色、背景色和填色的命令，学生利用所掌握的知识，设计制作作品。难点在于灵活运用所掌握的知识，设计制作作品"为奥运添彩"，表达自己美好的心愿。

【教学过程】

教学内容	教学环节	活动时间	教学活动		活动目的
			教师活动	学生活动	
情景导入	1.情景导入，激发兴趣	3分钟	（1）播放课件：奥运宣传片。（2）创设情景导入："同一个世界，同一个梦想"，体育健儿用他们辛勤的汗水为祖国争得荣誉；提议利用所学知识，设计作品"为奥运添彩"。（3）板书课题：五彩缤纷的Logo。	（1）学生观看动画，感受奥运精神。（2）学生说一说，自己观看奥运宣传片后的感受。	引起学生的共鸣，激发学习的兴趣。
探究学习	2.自主探究，寻找答案	5分钟	（1）启发学生独立思考，提出问题。（2）激励学生带着问题大胆自主探究，尝试操作。可以参考书本或者与同学进行讨论，交流协作学习。（3）引导学生小组交流，讨论学习心得。（4）鼓励学生操作示范，并温馨提示操作注意问题。	（1）想一想：学生思考问题。（2）试一试：学生带着问题去自主探究，寻找解决问题的方法。（3）议一议：学生小组互相讨论解决方法。（4）做一做：让学生说说自己所能解决的问题。并上台示范操作。	（1）激发学生的积极性。（2）引导学生自主探究。（3）提倡学生之间互相交流，协作学习。（4）鼓励学生上台示范。

教学内容	教学环节	活动时间	教学活动		活动目的
			教师活动	学生活动	
巩固练习	3.巩固练习，掌握技巧	5分钟	当学生对操作方法都有了一定了解时，同学们个个摩拳擦掌、跃跃欲试了。教师因势利导，提出挑战：让我们好好练习，掌握本领"为奥运添彩"。 （1）投影课件：练一练题目。 （2）老师巡视，个别指导，看谁最快完成，最快完成任务的同学为小组长，组内完成的同学可以辅导其他同学。 （3）鼓励学生互相交流、共同进步，看哪个小组速度最快、作品最美。	（1）试一试：在优美的音乐中，学生自由练习。 （2）学生互相交流，共同进步。 （3）赛一赛，学生积极投入练习。	（1）让学生进一步掌握操作方法。 （2）体现小组合作，团队精神。
设计作品	4.自由设计，创意无限	20分钟	在学生掌握方法后，教师激励学生设计作品"为奥运添彩"。 （1）播放课件：让学生欣赏一些用Logo设计的创意作品，激发学生的创作灵感。 （2）以"为奥运添彩"为任务，倡导学生发挥自己的想象，自由设计作品，作品要有创意，要表达自己的美好心愿。 （3）巡查、指导，播放优美的音乐。 （4）鼓励学生遇到问题现场提问，并鼓励、提倡让其他学生尝试解答问题。重视个体差异，以及学生的协作精神。	（1）学生欣赏作品。 （2）学生发挥自己的想象，进行创意设计作品，为奥运添彩！ 比一比：看谁设计得最漂亮、最有创意。 （3）学生在创作过程中，现场提出电脑操作技术问题。 （4）让有能力的学生帮助解决问题。	（1）让学生利用所学知识，自由进行创意设计，导入实践操作。 （2）鼓励学生运用所学的知识去帮助别人，渗透德育教育。

教学内容	教学环节	活动时间	教学活动		活动目的
			教师活动	学生活动	
展示作品	5.展示作品，体验成功	5分钟	（1）老师提议展示作品。 （2）老师鼓励学生对作品进行点评。 （3）表扬鼓励设计优秀作品的学生。	（1）学生展示作品并说说自己设计的主题、创作意图。 （2）评一评：学生点评作品。 （3）学生体验成功，分享成果。	让学生体验成功的快乐。
小结拓展	6.小结规律，拓展延伸	2分钟	当学生设计出"为奥运添彩"的作品，表达自己的美好的心愿后，提倡小结、质疑。 （1）教师引导学生思索小结今天的收获。 （2）教师小结这节课的知识要点，表扬、鼓励学生利用所学知识设计作品"为奥运添彩"表达美好心愿的行为。 （3）教师引导学生提问不明白之处。 （4）教师拓展延伸：我们可以利用所学的知识，设计制作各种亲情卡（电子作品），通过E-mail发给我们远方的亲朋好友，表达我们美好的祝福。	（1）学生说一说这节课的收获。 （2）学生聆听。 （3）学生质疑。 （4）学生课后设计亲情卡（电子作品），通过E-mail发给远方的亲朋好友，表达自己美好的祝福。	（1）培养学生的归纳小结能力。 （2）培养学生的质疑能力。 （3）培养学生学习知识回报社会的意识。

【教学反思】

Logo语言是一种适合青少年学生和初学者学习的程序设计语言，它采用儿童十分喜欢的搭积木拼图方式，通过海龟绘图来学习编制程序的一般方法，并培养学生的逻辑思维和创造才能。

本节课的主要目的是教会学生转变笔色、背景色和填色的命令。采用学生自主探究的教学模式，以学生为主，教师为辅为教学理念。师生之间就像朋友一样，友好地进行交流，教学相长。

以奥运宣传片导入，给学生以心灵的震撼和视觉的冲击，激发了学生浓厚的兴趣。爱因斯坦曾经说过："兴趣是最好的老师。"教师因势利导，学生自主探究，自己解决问题。部分能力较强的学生通过试一试掌握了操作方法，教师让这些学生上台给大家示范，以点带面，最终全面开花，共同进步。在学生掌握操作方法后，教师提出一个具有挑战性的任务：让学生发挥想象，设计制作作品"为奥运添彩"。学生都想为奥运尽一分力，充分发挥想象努力去设计，作品都很有创意。最后，展示作品体验成功，把这节课推向了高潮，学生的积极性得到了充分的调动。最终学生小结收获电脑知识、奥运知识，更增强了热爱祖国、热爱和平的意识。同时，拓展到生活中制作亲情卡（电子作品），通过E-mail发给我们远方的亲朋好友，表达我们的美好祝福！从整节课来看，预期目标基本实现。

本节课个人觉得也有不少地方值得改进与探讨。Logo语言的逻辑性很强，而且学生对Logo语言的有些命令还不能灵活运用。此外，在作品设计这一环节，有部分学生受限于自己的知识、技术水平，不能完全表达自己的美好愿望。

第二节　融合应用式

活用技术促学习　互动课堂激兴趣

——《认识计算机》教学设计

深圳市龙华区龙华中心小学　古兴东

（本课例获"2015年新媒体新技术教学应用研讨会暨第八届全国中小学互动课堂教学实践观摩活动"教学课评比一等奖，应邀参加青岛全国说课展示并获二等奖）

尊敬的各位评委、专家：

大家好！当今信息时代，平板电脑、互动白板、微课等的出现极大地促进了教育的变革，给教师带来了如何使用这些新媒体新技术转变教学方法与教学模式，促进学生发展的新问题。今天，我以《认识计算机》这课为例，谈谈自己的探索与实践。

【学情分析】

如图1所示，本课是广东教育出版社出版，小学第一册（上）第1课的内容。教学对象是三年级学生，具有一定的自学能力。作为信息时代的"原著民"，学生对计算机有初步的认识，这为本课自学微课提供了坚实的基础。

【教学目标】

1. 知识与技能

（1）认识计算机，了解各类应用。

（2）了解计算机的组成。

图1　教材

（3）清楚使用计算机的注意事项。

2. 过程与方法

体验发现问题、分析问题、解决问题的过程。

3. 情感态度与价值观

（1）学会分享交流。

（2）提高对新媒体、新技术的认识和兴趣。

【教学重难点】

认识计算机，了解各类应用。

【教学设计】

依据以"学生为中心"的教学理念，本课尝试使用平板电脑、互动白板、微课视频等新媒体、新技术，创设"计算机王国探秘"的情景，通过"猜—探—秀—玩—赛"五个环节，引导学生根据导学单利用平板电脑自主学习微课，并通过白板互动功能"在玩中学，在学中玩"，从而达到转变教学模式，促进学生发展的目的。

【教学方法】

任务驱动法、情景教学法、探究法、讨论法。

【教学过程】

（一）导入：猜谜导入　创设情景

好的开始是成功的一半。上课伊始，我就高兴地告诉大家："同学们，我们来玩一个猜语游戏吧，看谁能猜出这是什么物体。"（图2）

（播放上课视频剪辑）

出示谜语，吸引学生的注意力，导入主题"认识计算机"。然后，我焦急地说："同学们，最近计算机王国发生了一件大事，皇冠不翼而飞。国王听说你们班的同学

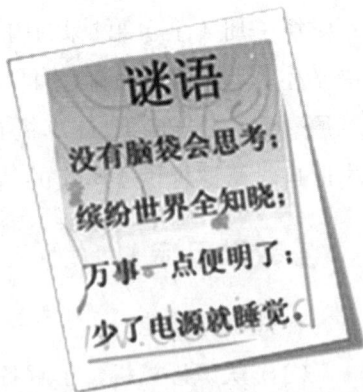

图2　谜语

聪明伶俐，想请你们担当小侦探，帮忙把皇冠找回来。"

从而创设"进入计算机王国进行探秘，寻找皇冠"的情景。可谓课未动，情已生，为接下来的学习做好了铺垫。

（二）新授

1. 我来猜：游戏激趣　勇闯前门

利用电子白板的"聚光灯"工具，露出图片的一角，提问："同学们，你们猜猜这是什么？"学生对此兴趣盎然，积极举手，踊跃回答。在学生猜测的过程中，灵活拖动"聚光灯"显示图片的其他部分。最后显示完整图片，检验学生的猜测结果（图3、图4）。

图3　使用"聚光灯"效果

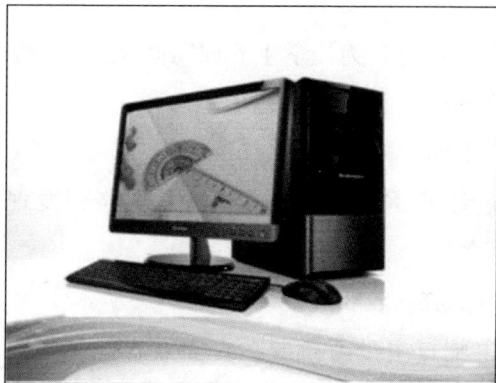

图4　未使用"聚光灯"效果

（播放上课视频剪辑）

兴趣是最好的老师，兴趣是学习的挚友。这一环节通过"猜一猜"的游戏，激发学生产生浓厚的学习兴趣。

2. 我会探：自主学习　巧走迷宫

古人云："授人以鱼不如授人以渔"。我出示导学单内容，让学生明确自学的任务。

（出示导学单内容）

然后引导学生根据导学单提出的问题，用平板电脑自主学习《认识计算机》微课视频，完成自主导学单内容（图5）。

计算机王国探秘

——《认识计算机》自主导学单

第（　）小组　（　　　）同学

提示：请你自主学习平板电脑《认识计算机》视频或查看书本，试试看你能完成以下几道题吗？

1. 计算机有什么作用？它还有什么名称？

2. 计算机一般由什么组成？它们有什么作用？

图5　自主导学单

在学生进行自主学习时，为让学生养成时间观念，设置倒计时10分钟，并播放音乐，营造轻松的学习氛围。

（播放上课视频剪辑）

在这一环节通过任务驱动自主探究，让学生亲历发现问题、分析问题、解决问题的过程。

3. 我想秀：分享交流　收获成功

学生利用平板电脑自主学习微课，真实效果如何？我让学生以小组为单位，互相交流、学习，检验自学的成果，取长补短。然后每一组推荐一名代表分享交流、汇报学习成果（图6）。

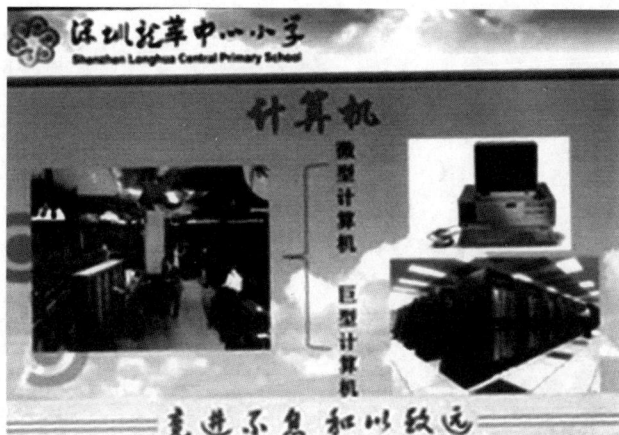

图6 《认识计算机》微课

（播放上课视频剪辑）

这一环节主要是提供交流、展示的舞台，让学生体验学习收获的喜悦。

4. 我要玩：互动练习　飞夺索桥

新课标提倡让学生"在玩中学，在学中玩"。巧用电子白板功能，设计"连一连、拖一拖"等互动练习，巩固学生对知识的掌握（图7、图8）。

（播放上课视频剪辑）

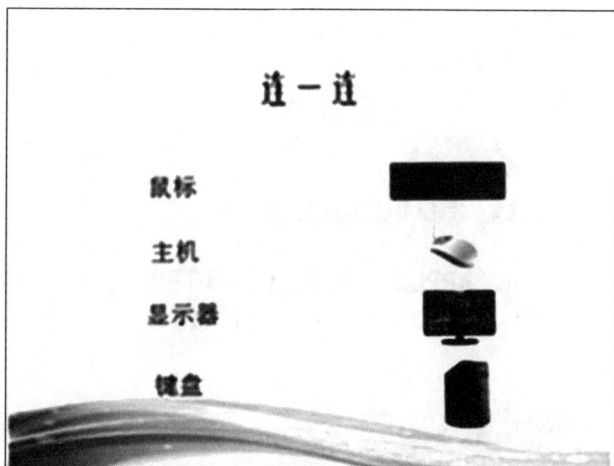

图7 互动练习题"连一连"

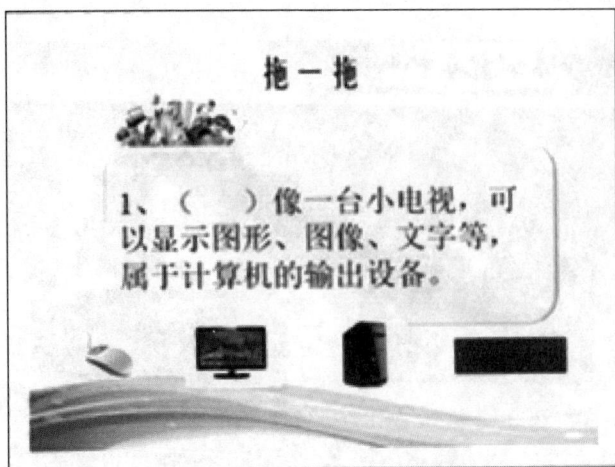

图8 互动练习题"拖一拖"

这一环节巧用电子白板，变苦学为乐学，变"让我学"为"我要学"。

5. 我能赛：竞赛提升　智入皇宫

心理学表明，"孩子天生都有一股不服输的精神"。为进一步巩固知识，我组织了紧张、激烈的知识大PK，让学生分小组进行"比一比、赛一赛"（图9、图10）。

（播放上课视频剪辑）

图9 必答题"比一比"

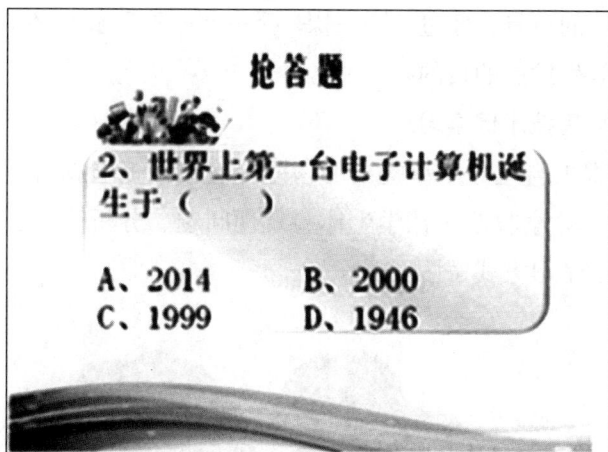

图10 抢答题"赛一赛"

通过竞赛，检验学生对知识的掌握，也将本课的学习氛围推上一个新的高度。学生最终经过努力，完成任务，进入皇宫找到皇冠。

（三）小结：归纳总结　拓展延伸

鼓励学生自由畅谈本课的收获。锻炼学生归纳总结的能力。为让学生进一步加深对计算机的认识，播放《你知道吗？》宣传片（图11）。让学生理解在飞速发展的信息时代，计算机具有重要的作用。引导学生拓展延伸，注意了解、认识身边的计算机应用。

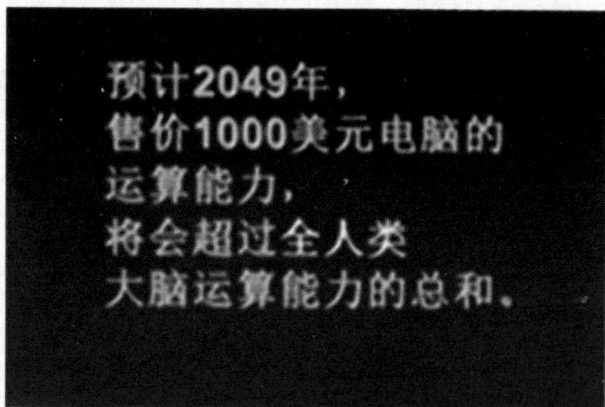

图11 宣传片《你知道吗？》

【教学反思】

综观本节课，以"学生为中心"，巧妙利用新媒体、新技术，创设"计算机王国探秘"的情景，经过"猜—探—秀—玩—赛"五个环节，达到转变教学模式，促进学生发展的目的。

亮点一：巧用技术促学习

引导学生根据自主导学单提出的问题，使用平板电脑自学微课视频，并进行交流汇报，分享收获。让学生体验发现问题、分析问题、解决问题的过程，转变学生的学习方式（图12）。

图12　学生用平板电脑自学微课

亮点二：互动课堂激兴趣

利用电子白板的各种互动功能，巧妙设计"猜一猜、连一连、拖一拖"等游戏，让学生"在玩中学，在学中玩"。使原本枯燥无味的计算机知识课，变成了趣味横生的活动课，整个课堂焕发出了生命的活力（图13）。

图13　学生完成互动练习题

本节课可用四句话概括：

平板电脑学习好，

微课视频效率高；

电子白板兴趣浓，

教学互动效果棒。

"路漫漫其修远兮，吾将上下而求索"，没有最好，只有更好。以上就是我个人的探索与实践，恳请各位专家多多批评指正。谢谢大家！

巧拍数码照片 妙创3D模型
——《数码照片动手拍》教学设计

深圳市龙华区龙华中心小学 古兴东

[本课例获"2016年新媒体新技术教学研讨会暨第九届全国中小学生创新（互动）课堂教学实践观摩活动"二等奖]

【教学目标】

1. 知识与技能

认识数码相机，学会拍摄数码照片，并能把照片导入电脑，尝试将拍摄的照片利用Autodesk 123D Catch软件建模进行3D打印。

2. 过程与方法

体验自主学习，拍摄照片，利用Autodesk 123D Catch软件建模，并最终进行3D打印。

3. 情感态度与价值观

培养学生小组合作、探究的精神，激发学生对平板电脑拍摄、3D打印的兴趣。

【学情分析】

本课的教学对象是小学五年级学生，有一定的自学微课视频的能力。而且随着社会的发展、科技的进步，不少学生对数码相机、平板电脑等数码产品有了一定的认识，有些学生还能用数码相机、手机、平板电脑等进行拍照。为本课利用微课视频进行自主学习提供了坚实的基础。

因此，本课尝试进行"翻转课堂"，课前将本课的三个教学目标，制作成三个微课视频，存储于平板电脑中，让学生利用平板电脑进行自主学习，并尝试利用平板电脑拍摄数码照片。

课堂中，首先展示3D作品，激发学生的兴趣。然后以小组为单位，进行知识竞赛检验学生的学习情况。鼓励学生尝试利用平板电脑拍摄照片，探索利用Autodesk 123D Catch软件建模进行3D打印。

【教学重难点】

1. 教学重点：认识数码相机，学会拍摄数码照片

解决措施：探索"翻转课堂"，让学生课前自主学习微课视频，解决重点。课中通过知识竞赛检查学生的学习掌握情况，并实际拍摄照片进行展示。

展示3D作品，激发学生的兴趣，尝试将拍摄的照片利用Autodesk 123D Catch软件建模进行3D打印。

2. 教学难点：导入电脑，并探索将图片进行3D打印

解决措施：让学生根据微课视频，以小组为单位，实际动手利用平板电脑将拍摄的数码相片导入电脑，探索利用Autodesk 123D Catch软件建模进行3D打印。

【教学设计】

1. 课前

学生根据导学单，自主学习微课视频，认识数码相机，掌握拍摄的技巧，并尝试拍摄照片，解决本课的教学重点。

2. 课中

教学环节	环节目标	教学内容	学生活动	媒体作用及分析
欣赏3D导入	展示3D作品，激发学习兴趣	平板电脑推送各类图片。展示打印的各式各样的3D作品。	学生说一说。欣赏3D作品。	使用平板电脑的推送、缩放功能，出示图片，吸引学生注意。展示"3D作品"，激发兴趣，为下一步拍照探索3D打印做铺垫。

教学环节	环节目标	教学内容	学生活动	媒体作用及分析
知识大比拼	互动练习，检验学生的学习情况	必答题。抢答题。风险题。	小组推荐代表回答。学生抢先回答。小组商议回答	使用平板电脑的推送、缩放功能，出示题目及数码相机各部分图片，加深学生的认识，解决本课"重点"。
拍照我能行	掌握拍照方法，并进行实践操作	引导学生思考如何拍好照片。拍摄各小组的表格进行展示，小结拍照方法。引导学生动手拍照。	学生议一议：以小组为单位，填写表格。学生欣赏各组表格，进行比较。学生利用平板电脑拍摄，互相欣赏作品，并导入电脑。	教师使用平板电脑的拍照功能，展示填写的表格，方便比较。学生使用平板电脑的拍照功能，动手实践，解决"难点"。根据"微课"视频内容照片导入"手提电脑"。
图片大展示	展示图片分享成果，体验成功喜悦	引导学生展示拍摄的作品。	学生秀一秀：展示学生现场选择物体拍摄的数码照片。	使用手提电脑，展示学生上传的作品，让学生分享交流。
探索3D打印	理解建模及3D打印的过程	示范将学生的图片，利用Autodesk 123D Catch软件建模，并进行现场3D打印。	学生观察、学习。	利用Autodesk 123D Catch软件，尝试将图片建立3D模型，让学生理解图片建模的过程。使用3D打印机，打印作品，让学生明白3D打印的原理。使用平板电脑的录像功能，显示3D打印情况。
总结收获	小结本课的学习内容	引导学生谈收获。	学生说一说：总结本课知识要点。	使用平板电脑的推送功能，出示本课的知识点，加深学生的理解。

【教学反思】

> 翻转课堂促学习,
>
> 平板电脑增互动。
>
> 3D打印激兴趣,
>
> 技术融合提效率。

1. 尝试"翻转课堂"促学习

课前鼓励学生根据导学单,利用平板电脑观看微课,自主学习,转变学习方式。认识数码相机,了解拍摄技巧,并实际拍摄照片。课中以知识竞赛的形式组织学生进行练习,检验课前学生的学习掌握情况,并进一步巩固知识。

2. 妙用"平板电脑"增互动

老师使用平板电脑及推送系统,根据教学需要及时推送内容,并利用缩放等功能,展示图片,吸引学生注意。

学生实际应用平板电脑的拍照功能,动手实践拍摄;并使用数据线将平板电脑与手提电脑对接,尝试把照片导入电脑,解决教学"难点";遇到问题继续观看微课,自主学习。

3. 巧借"3D打印"激兴趣

通过展示形式多样的"3D作品",激发学生兴趣,为下一步动手实践拍照,并尝试3D打印做铺垫。然后引导学生小组合作拍摄图片,并利用Autodesk 123D Catch软件,尝试将图片建立3D模型,让学生明白图片3D建模的过程。

现场利用3D打印机进行打印,让学生理解3D打印机的原理,让学生理解拍摄数码图片、3D建模、3D打印的原理。

4. 探索技术融合提效率

通过翻转课堂教学模式,促进学生自主学习并掌握新知,达到转变教学方式的目的。而且课中应用平板电脑的播放、推送、缩放、拍照、录像等各种互动功能,深深地吸引了学生的注意力。老师也不再受限于讲台,可以深入学生中,拉近与学生的距离,更好地指导学生;同时,学生也可以充分利用平板电脑进行拍照。老师还可借用打印3D作品,激发学生的兴趣,并通过Autodesk 123D Catch软件,尝试将图片建立3D模型,让学生理解3D建模的过程。激发学生学习兴趣,提高课堂效率,引导学生自主学习并进行实践拍照。最终巧妙利用信息技术,促进学科融合,提高课堂效率。

Scratch创意设计——DIY绘图笔

深圳市龙华区桂花小学　蔡艳妮

设计思想：Scratch是由MIT设计开发的可拖曳图形化的积木式编程工具，它可创作动画、游戏、音乐和交互化故事，还可以让学生自己编程，设计属于自己的软件。本设计以画笔、广播与接收命令为核心，以绘图软件的开发为载体，通过"谁厉害"的比拼，激起学生对"开发软件"的求知欲；在分析绘图笔的功能、动手开发的过程中，让学生体会到编程的乐趣；触发与接收广播信息的学习，让学生的绘图软件实现DIY的个性化；最后的趣赏绘画，留给学生无限的乐趣，真正实现了让学生在玩中学、在学中玩，开开心心地提升信息素养。

【需求分析】

Scratch是由MIT设计开发的图形化的积木式编程工具，它不仅能制作动画、游戏、音乐、互动式故事，还能开发软件。本设计以Scratch为开发工具，制作一个图画软件——DIY绘图笔。它可以画画、写字、设置不同的颜色，学生可根据自己的喜好来设计开发笔的功能，如调节画笔线条的粗细、清除画过的痕迹等。

【学情分析】

六年级的学生已经学会了在诺宝的环境下，运用画笔的抬笔、落笔来画图，具有一定的编程思维；经过前8周的学习，他们对Scratch环境下的舞台、脚本、造型的运用已经有了初步的了解，在广东省教育出版社出版的教材中，已经知道画笔、广播与接收广播的基本功能与脚本实现；能根据作品展现的效果，分析出所需要的算法及脚本，加上他们具有求知欲强、爱动手的特点，为本设计的学习做好了知识与心理的铺垫。

【教学目标】

1. 知识与技能

（1）学生能通过设置画笔的颜色、大小来指定默认画笔的特性。

（2）学生能通过鼠标的移动，抬笔与落笔实现绘画的功能。

（3）学生能利用广播与接收指令，实现画笔颜色的选择。

2. 过程与方法

学生在制作绘图笔的过程中，体会在Scratch环境下，如何实现画画的功能，并能学会运用广播与接收指令实现功能的传递与实现的方法。

3. 情感态度与价值观

学生在开发画笔软件的过程中，体验到了Scratch编程的趣味性、可开发性、工具性的特征，不仅提升了编程的思维能力，还强烈地激发了他们利用工具创新的意识。

【教学重点】

（1）能利用下移鼠标的选择判断来控制画笔绘制图形。

（2）能利用广播与接收命令的方式来选择画笔的颜色。

【教学难点】

（1）领会画笔在抬笔与落笔之中实现绘画的过程。

（2）理解广播与接收命令的传递思维及实现过程。

【教学准备】

导学单、易错点微课、课件、案例、Scratch半成品 、Scratch脚本板贴

【创意设计流程】

1. 激趣移情，诱发求知

上课伊始，教师展示学生对话的视频及Scratch制作的绘画笔效果——帽子的画法，从而使学生关注视频，移情入境，激起DIY的创作欲。

本环节的主要目的是通过2名学生的对话，炫各自的作品，从利用软件画图到制作软件画图的变化，刺激学生DIY的创作欲望，为新课的学习打下良好

的求知需求。

2. 析绘图笔，动手开发

紧接着，引导学生观察绘画功能及动作，在理解画笔的算法下，组合对应的脚本，通过采访小记者的形式，在互动对话中，实现小组间的协作对话，分析绘图笔画画的功能，拼出脚本，能利用易错微课自行制作、调试绘图笔的软件开发，并画出图案。

本环节的设计意图：让学生体会软件开发的流程，以功能需求为基点，在学生采访对话的过程中，分析实现的算法；利用Scratch的脚本来编写并调试，在锻炼学生编程思维的同时，激发学生的自主创新意识。

3. 触发广播，DIY画笔

教师组织学生分析颜色的选择功能实现及算法：不同色块的广播、绘图笔的接收演示，提示DIY的制作方向。学生能根据导学单的提示，分析笔与颜色之间的算法，利用易错微课解决制作中可能会出现的问题，从而利用触发广播来DIY绘图笔。

最终实现学生在利用文本、视频资源自学的过程中，依据自己的喜好和实力编写脚本，设计绘图笔功能。此环节化抽象为形象，还学生一片自由的空间，真正让学生体验到了在玩中学、在做中学信息技术的乐趣。

4. 趣赏绘画，课后留疑

教师将整个教室变成一个"作品说明会"——提供平台，展示作品，巧提建议：你还想为作品添加什么样的功能？让学生自我点评作品，并完成评价建议表。

在表现欲的驱使下，学生满怀激情地分享DIY作品，相互刺激、相互学习、相互促进，提升信息技术素养。

【评价设计】

本评价采用"3+2"模式（表1），即每个学生对每一个功能采用3个优点及2个建议的组合，评价不仅关注学生对自我的发展性评价，也关注其在他人合作中、小组贡献中的评价，发挥评价促进学生发展的功能。

表1 "3+2"模式评价表

评价建议项	自评优点	同桌评优点	组长评优点	同桌建议	组长建议
绘画功能					
颜色切换					
线条转变					
创新功能					

【创意评析】

六年级的学生思维处于从具体形象思维逐步过渡到抽象逻辑思维的过程中。因此，借助Scratch可视化编程语言可引领学生关注生活，抽离出真实的生活情景任务，将思维能力的训练融于具体的创意之中。学生用"程序指令"描绘自己的"创意需求"，不仅实现了对生活中真实问题的解决，也进一步提高了学生应用算法思想解决问题的能力，由感性经验向抽象逻辑推理方向发展。因此，在教学中需要将"学技术"和"用技术学"，"学算法"和"用算法学"结合，给学生搭起创作应用空间。本设计有三大创意亮点：

一是"编创软件"。由应用Scratch编程软件到编创属于自己的软件，此时，Scratch编程软件只是一种工具，一种实现自己的编程算法，解决自身创意需求的载体，这对于青少年的创新意识、创造能力、创新思维的培养具有至关重要的作用。

二是"编创作品"。设计出来的绘图软件具有鼠标绘画、画笔变大小、颜色变化的功能，故能让学生应用自己设计的软件，创造出不一样的精彩的绘图作品。

图1 学生课堂作品1

图2　学生课堂作品2

三是"编创学习"。本设计利用画笔、广播与接收命令等常见的命令，启发学生编程，设计属于自己的软件，大大地激发了学生对如何从基本命令到巧编巧创出生活作品的求知欲。生活无限精彩，需要发现美的眼睛，而Scratch编程能将创意中的美变成作品美。

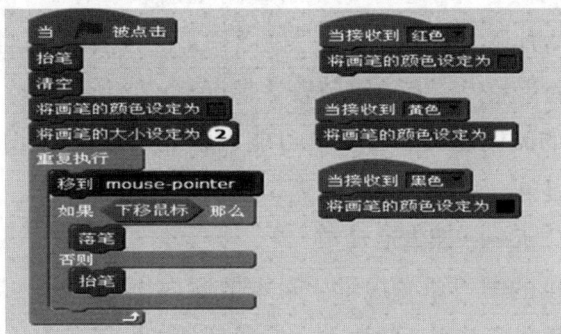

图3　改变画笔颜色的脚本

📖 参考文献

［1］刘金鹏，洪亮，姜峰.边玩边学Scratch趣味游戏设计［M］，杭州：浙江摄影出版社，2015.

［2］李文郁，要志东.广东省小学课本信息技术：第四册（下）［M］.广州：广东教育出版社，2015.

《走进童话王国》——基于微课的语文翻转课堂设计

深圳市龙华区龙华中心小学　肖友花

［本课例获"2016年新媒体新技术教学研讨会暨第九届全国中小学生创新（互动）课堂教学实践观摩活动"一等奖］

【教材分析】

"写童话故事"是义务教育课程标准实验教科书四年级上册语文园地三的作文内容。本次习作在以"童话"为主题的单元阅读学习之后，以"读童话、编童话、讲童话、演童话"为主要内容。

【学情分析】

1. 一次学情分析——教学准备前

学生对童话的内容有了基本的了解，对童话故事有了一定的兴趣，但对如何创作一个生动有趣的童话故事还是缺乏一定的方法的。这需要教师渗透知识点，激发学生的想象力，有效突破教学难点。

四年级学生的阅读能力、自主学习能力已经可以顺利完成云课堂中的自学任务，提交学习单，开展"翻转课堂"教学。

2. 二次学情分析——课堂活动前

通过学生提供的学习单发现学生对本节课内容非常感兴趣，自主学习效率较高，已初步领会了编童话的要点。但通过分析发现，部分学生对编童话的具体方法还不太明确，想象力与表达的能力还有待提高。

【设计理念】

本节课是语文与信息技术整合的作文教学课例。课前利用翻转课堂的理念，让学生通过微课学习，明白写什么的问题；课上重点通过交互式电子白板的授课环境，激发学生的学习兴趣，解决怎么写的问题；课后将学生所写片段通过拍照上传至班级作业通，让学生互相学习、交流。

【教学目标】

（1）进一步弄清童话的特点，学习编写童话故事。

（2）通过创编童话，培养学生丰富的想象力和对编写童话的兴趣。

（3）使学生在创作童话的过程中，进一步体验童话的魅力，感受童话给我们带来的快乐。

【教学重难点】

（1）重点：了解童话的特点，学会写童话。

（2）难点：对有限的事物展开丰富的想象，感受童话带来的快乐。

【教学准备】

准备《走进童话王国》微课，将理论学习置于课前，培养学生的自学能力。

【教学过程】

（一）课前自学阶段

在家观看老师推送的《走进童话王国》的微课，填写表格（表1），明确童话故事有哪些特点及本次习作的目标。

本微课来源于深圳市电教馆评出的获奖作品，以下是微课的部分截图：

图1　微课截图（童话）

自己选择几种动物，或者几件物品，以它们为主人公

图2　微课截图（动物或物品）

表1　学生观看微课所填写的表格

童话的特点	童话如何命名	编写童话要注意的事项

（二）课中教学阶段

1. 激趣导入，爱童话

（1）孩子们，老师的屏幕上有好多有名的童话人物，你们认识他们吗？

设计意图：通过白板的聚光灯功能，将童话人物一个个由部分到整体呈现出来，让学生七嘴八舌地猜，目的不在于是否猜对，而在于调动课堂气氛，调动学生对童话已有的储备。

图3　学生观看视频（电子互动白板聚光灯功能应用）

（2）回顾经典：你们真了不起，认识这么多个性鲜明的童话人物，谁能用一句话介绍自己印象最深的童话故事呢？

（3）这节课就让我们伴着同学们对童话故事美好的回忆一起编童话、写童话，走进属于我们自己的童话王国。（板书课题）

2. 回顾微课，知童话

（1）同学们昨晚观看《走进童话王国》的微课后，所有同学都已经把老师要求完成的表格上传至作业通了，现在我们来挑两位同学的作业检查一下。（使用交互式电子白板的"链接"工具，链接作业通。作业通是一款针对学生答题的APP，学生不仅能看到自己的答题情况，也能分享其他同学的答题情况，同时进行互评。）

表2　学生填写好的表格内容

童话的特点	童话如何命名	编写童话要注意的事项
1. 采用拟人手法，将物当作人来写	以主人公的名字命名	1. 写清事情的起因、经过、结果
2. 采用夸张手法，想象大胆有趣	以主人公的特征命名	2. 写好人物的外貌、语言、动作和心理
3. 童话里的事物都具有象征意义	以文章要表达的中心命名	3. 合理运用想象，使故事生动具体
4. 童话里包含一定的道理	……	4. 结尾揭示童话给我们的启示

（2）从同学们的作业来看，写好童话要注意哪些方面呢？（根据学生的回答板书：丰富的想象、有趣的情节、深刻的道理）

3. 展开想象，编童话

（1）师生互动，发散思维。

看来，想要写好童话，丰富的想象是最重要的。老师今天给大家带来了一个神奇的魔法盒，你想有什么它就有什么。我们想别人没有想到的，说别人没有说过的。（使用交互式电子白板的"遮罩"功能，慢慢出示魔法盒，为学生创设"神奇"的情境。）

以下是部分课堂实录：

生1：小猪在跳舞。

师：小猪在我的印象中一贯是爱吃贪睡的形象，今天怎么跳起舞来了呢？

生1：因为小猪的好朋友们都有本领，可是它只知道吃和睡，大家都取笑它，所以它想学一种本领。

师：这么说来，小猪的朋友们对它的刺激、小猪如何学跳舞等过程都藏在魔法盒里呢，我想憨态可掬的小猪舞一定是值得期待的，你的故事也一定值得期待。

师：还有吗？要像老师和林××这样把你的想象稍微说得具体一点儿。

生2：魔法盒里有一只三角龙，它想从古代穿越到现代，到天安门广场看一看升旗仪式。

生3：云宝宝朵儿想摘一片朝霞做煎饼吃，可是妈妈说不能随便摘别人的成果，要靠自己的努力。

生4：小麻雀罗丝看到一个猎人救自己的孩子，它感受到父爱是伟大的。

......

师（鼓掌）：说得真好，通过这个游戏，我们在写作方面可以得到什么启示呢？（孩子们有点没明白老师的用意，把目光投向老师。）其实，把你们刚才这些天马行空、与众不同的想法前后联系起来，写具体，就会变成一篇篇充满奇思妙想的童话故事。同学们，写童话简单吧？

生（齐声回答）：简单。

师：想象无边，创意无限，童话的构思来自丰富的想象，来自发散的思维。

（2）范例引路，丰富表达。

① 每个人的魔法盒里都有属于自己的故事。（师故做认真倾听状）嘘——别出声，老师的魔法盒里正在进行着大象和毛毛虫的对话呢!

② 让学生大胆猜测大象和毛毛虫的对话，通过实例启发学生通过动作、语言、心理描写将人物写生动，情节写丰富。

以下是部分课堂实录：

生1：大象说："毛毛虫，我们一起来比赛跑步。"

师：大象在说这句话时，心里可能在想什么呢？

生2：它肯定在想，你这小小的毛毛虫，看我怎么把你比下去。

师：那此时它会用什么样的语气说呢？（摸到生1的肩膀）你再来。

生1：大象骄傲地说："毛毛虫，我们一起来比赛跑步，怎么样？"

师：哟，语气上扬，骄傲的形象立马出来了，若能加上动作就更好了。

生3：大象鼻子一甩，骄傲地说："毛毛虫，我们一起来比赛跑步，怎么样？"

生4：大象昂首挺胸，连正眼都没瞧毛毛虫一眼："毛毛虫，我们一起来比赛跑步，怎么样？"

生5：大象柱子似的腿往前一踏，震得地板都晃动起来了，回过头骄傲地说："毛毛虫，我们一起来比赛跑步，怎么样？"

师：毛毛虫又会怎么回应呢？

……

同学们，感谢你们丰富的想象、声情并茂的回答，让老师童话里的主人公不仅"说"起来，还"动"起来了。这得归功于你们为大象和毛毛虫加上的这些动作、语言和心理描写。（在"在趣的情节"下板书动作描写、语言描写、心理描写）希望在接下来的创作中，你们也能通过这些描写让自己童话里的人物栩栩如生，故事曲折动人。

（3）小组合作，学会构思。

① 每个同学都有属于自己的童话魔法盒，现在请每个小组挑出组内认为最有创意的故事题材，用思维导图的方式画出这个故事的构思。（选择一个组使用交互式电子白板的"钢笔"工具，到白板上合作画出思维导图；同时，使用白板的"时钟"工具，设置时间为3分钟，进行倒计时，让学生养成时间观念。）

图4　学生用思维导图构思

② 请三个小组汇报。（应用"希沃授课助手"的"拍照"功能，将在台下完成的11个小组的作品全部上传到屏幕上，让学生挑出最想听的三个童话，并请相对应的小组汇报展示。）

（4）独立思考，自主创作。

① 同学们，通过这节课的学习，你们对编写童话一定有了自己的想法，让你的童话从魔法盒里跳出来吧。

② 你们可以写一段话，也可以画思维导图，还可以用老师给你们的提纲表格。

我的故事我做主

故事的主人公是谁：_____

故事的场景：_____

经过的地方	遇见了谁	发生了什么	结果怎么样

故事是哪种类型呢？（　　）

A.惊险　　　B.曲折　　　C.好玩　　　D.温馨　　　E.其他

③ 谁愿意与大家分享自己的创意呢？（片段式、思维导图式、表格式各选取一两名同学展示。）

（四）课后作业，分享童话

课后，请同学们把自己的童话故事编写完整，上传到作业通；同时，每名同学至少读5篇以上的作品，并对其进行点评，看看哪些同学获得的点赞最多。